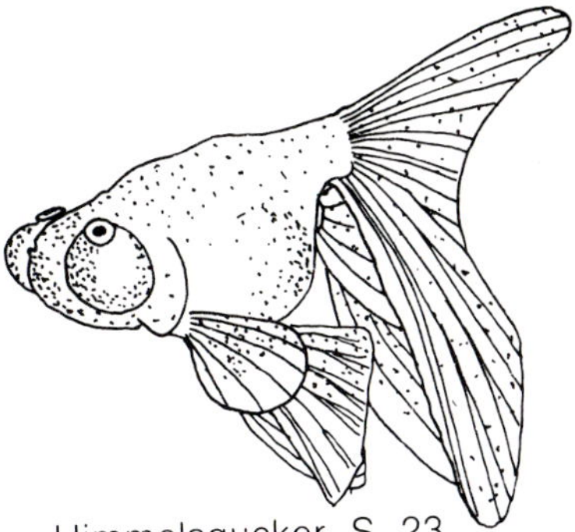

Himmelsgucker, S. 23

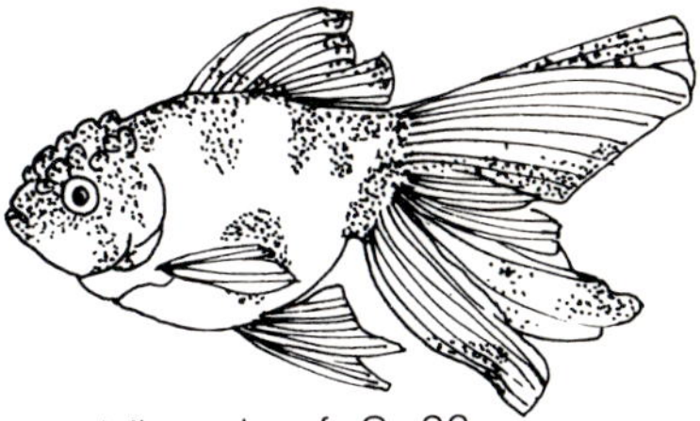

Löwenkopf, S. 23

Schwarzer Teleskopfisch, S. 23

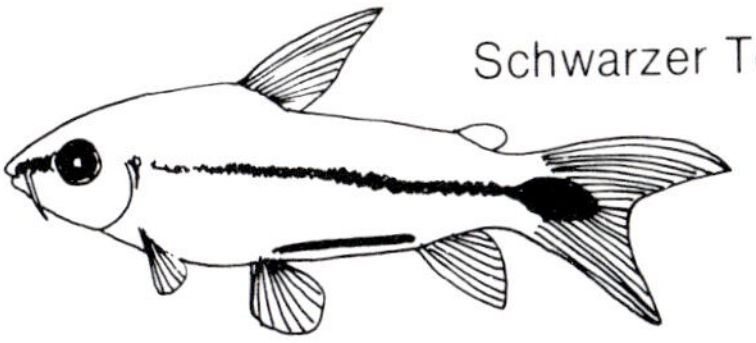

Zwergpanzerwels, S. 98

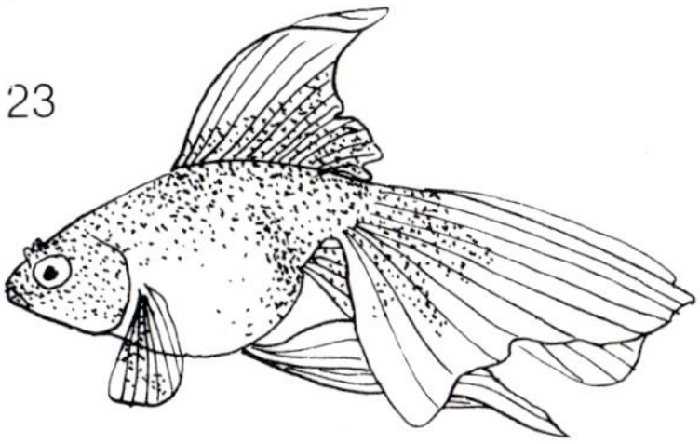

Schleierschwanz, S. 23

Die biologische Putzerkolonne

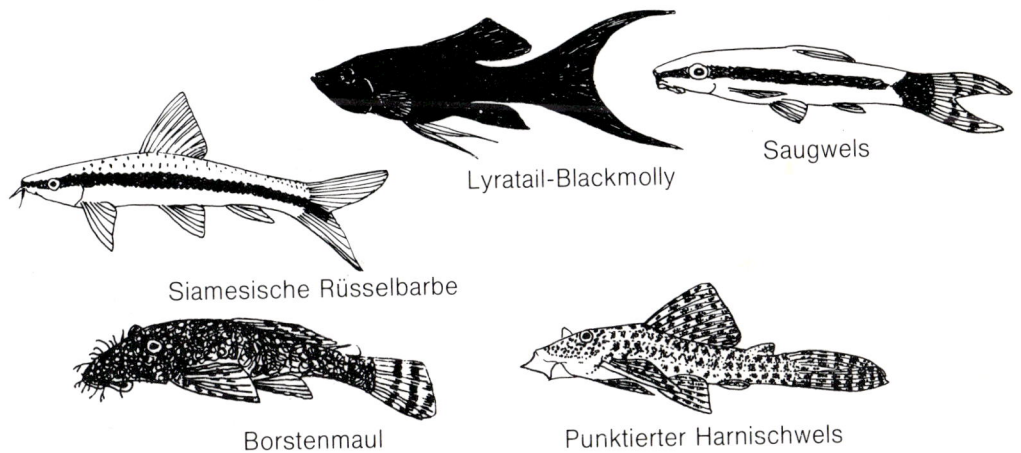

Lyratail-Blackmolly

Saugwels

Siamesische Rüsselbarbe

Borstenmaul

Punktierter Harnischwels

Ich danke Herrn Professor Dr. Werner Ladiges
für die Überprüfung der Fischnamen
und Herrn Kurt Paffrath für die Kontrolle der Pflanzennamen.

© 1978 **Tetra-Verlag**
TetraWerke Dr. rer. nat. U. Baensch GmbH
Postfach 15 80, 49304 Melle, Germany

Alle Rechte der Verbreitung einschließlich Film, Funk und
Fernsehen sowie des auszugsweisen Nachdrucks vorbehalten.

Fotos: Klaus Paysan
Gestaltung und Zeichnungen: Angela Paysan
Satz: Fotosatz Hoffmann, Hennef
Lithos: Flotho Reprotechnik, Osnabrück
Titel: Tetra-Archiv
4. Umschlagseite: Burkhard Kahl
Druck: Paderborner Druck Centrum, Paderborn

7. Auflage 1994

ISBN 3-89356-111-0

Klaus Paysan
Beispielhafte Aquarien

Biologisch richtige Zierfischhaltung
in 25 schönen Aquarien

Mit einem Lexikon-Teil
von K. A. Frickhinger

Zu diesem Buch

Die Aquaristik ist in den vergangenen 30 Jahren zu einer der beliebtesten Freizeitbeschäftigungen geworden. Das kommt nicht von ungefähr. Mit den richtigen technischen Geräten, Heil- und Pflegepräparaten, Wassertest-Indikatoren und vor allem mit der ausgereiften Zierfischnahrung ist der Erfolg mit dem Aquarium immer sicherer geworden. Mehr Freude und Begeisterung an der Aquaristik sind die Folge. Vorläufig letzter Höhepunkt in dieser Entwicklung ist das System des perfekten Aquariums, mit dem der Erfolg auf Monate und Jahre hinaus sichergestellt wird.
Gleichzeitig verstärkt sich die Suche und der Wunsch nach mehr Gestaltungsmöglichkeiten, er möchte natürliche Biotope nachvollziehen – und erleidet oftmals Schiffbruch. Woher die richtigen Informationen und Anregungen nehmen?
Bisher war der Zierfischfreund auf alle möglichen Veröffentlichungen in den verschiedenen Zeitschriften und Clubmitteilungen angewiesen. Jetzt werden erstmals kompakt in einem Buch die vielfältigen Möglichkeiten und Gestaltungsbeispiele für die biologisch richtige Zierfischhaltung gezeigt. Und das besonders schöne an diesem Buch: Es werden hier keine dogmatischen Rezepte in dozierender Weise vorgestellt, sondern es handelt sich um mit Leben erfüllte Beispiele, die zum Nachvollziehen herausfordern oder die als Anregung die eigene Phantasie beflügeln. Man merkt es schon nach den ersten Seiten: Der Autor, Klaus Paysan, ist engagierter Tierfreund und leidenschaftlicher Naturbeobachter zugleich. Jeden künstlichen Zwang auf die Tierwelt – so auch im Aquarium – lehnt er ab. Deshalb sind seine Fotografien voller Leben und Bewegung. Seine begleitenden Texte sind kurz aber informativ gehalten – der Leser wird das zu schätzen wissen. Und die klaren, treffenden Zeichnungen aus der Feder der Gattin des Autoren, Angela Paysan, tragen dazu bei, dem Leser die vielfältigen Möglichkeiten der Aquaristik deutlich zu machen.
Mit diesem Buch werden der Aquarienpflege neue Impulse gegeben. Es wird dazu führen, daß viele Aquarianer ihr Hobby intensivieren, ihr Aquarium neu gestalten oder sich vielleicht sogar eins, zwei oder mehrere Aquarien zusätzlich anschaffen. Warum auch nicht? Die Aquaristik ist nun einmal eine der schönsten Beschäftigungsmöglichkeiten mit der Natur!

TetraWerke
Dr. rer nat. U. Baensch GmbH

Inhaltsverzeichnis

Zu diesem Buch	4
Schönere Aquarien – weniger Probleme	6
Regeln, die man beherzigen sollte	7

Kaltwasseraquarien

Goldfische	8-11
Nordamerikanische Zwergfische	12-15
Einheimische Fische	16-19
Schleierschwänze	20-23

Gesellschaftsbecken

Lebendgebärende Zahnkarpfen-Zuchtformen	24-27
Hartwasser-Gesellschaftsbecken	28-31
Weichwasser-Gesellschaftsbecken	32-35
Wildbarben und Zuchtformen	36-39

Südostasien

Labyrinthfische und Cryptocorynen	40-43
Paradiesfische und andere Labyrither	44-47
Fische aus Südostasien	48-51

Afrika

Cichliden aus dem Malawisee	52-55
Eine farbenprächtige Gesellschaft	57-59
Buntbarsche aus dem Tanganjikasee	60-63
Westafrikanische Uferlandschaft	64-67
Zuchtbecken für Killifische	68-71
Große afrikanische Fische	72-75

Amerika

Cichliden und Lebendgebärende Zahnkarpfen	76-79
Aus der offenen südamerikanischen Landschaft	80-83
Große Buntbarsche, Spindelhechte und Salmler	84-97
Segelflosser und Roter Neon	88-91
Tropisches Südamerika	92-95
Leuchtende Juwelen und Fischzwerge	96-99
Pflanzenkompositionen mit Kleinsalmlern und Zwergbuntbarschen	100-103
Discus im Schwarm	104-107

Die Technik	108
Bio-Lexikon	109-162
Register	163-164
Anhang	165
Autoren	166

Schönere Aquarien — weniger Probleme

Der Aquarianer von heute hat es gut! Noch nie wurden so viele Fisch- und Pflanzenarten importiert, und noch nie gab es so viele technische Hilfsmittel, mit denen die Aquaristik zu einem sicheren Hobby wird. Beim Zoofachhändler gibt es eine große Auswahl der schönsten und seltensten Fische der Welt. Für den Anfänger ist die Versuchung groß, aus diesem riesigen Angebot ein Sammelsurium der schönsten, der seltensten und der teuersten Fische und Pflanzen zusammenzustellen und sie dann seiner staunenden Umwelt zu präsentieren. Groß ist die Enttäuschung, wenn schon nach kurzer Zeit ein Fisch nach dem anderen im Magen eines Räubers verschwindet, vom Kampf erschöpft endet, oder in irgendeiner Ecke ein unterdrücktes Dasein führt. Groß ist die Enttäuschung, wenn die Wasserpflanzen von den Fischen in kürzester Zeit aufgefressen werden, wenn falsch ausgewählte Sumpf- oder gar Landpflanzen im Aquarium nicht wachsen und eingehen. Dabei brauchen wir die Wasserpflanzen für die nötige Sauerstoffversorgung der Fische und für die Schaffung guter Wasserverhältnisse!

Die Technik gibt uns heute die Möglichkeit, für die Wasserumwälzung, die Wärme und das Licht in der richtigen Dosierung zu sorgen. Mit der richtig angewandten Chemie können wir gesunde Wasserverhältnisse schaffen. Das allein aber reicht nicht. Es ist nun einmal so, daß die Fische und die Pflanzen leben, und daß Lebewesen etwas anderes sind, als eine zusammengewürfelte, ästhetisch arrangierte Edelsteinsammlung. Alle Lebewesen müssen nun einmal entsprechend ihren natürlichen Ansprüchen zusammengestellt werden.

Wer sich schon ernsthaft mit der Aquariumpflege und Gestaltung befaßt hat, dem sind Begriffe wie Landschaftsbecken, Biotop-Aquarium, Artenbecken und Artbecken ebenso bekannt wie der Ausdruck Gesellschaftsbecken.

Betrachten wir diese Kategorien kritisch, dann kommen wir zu dem Ergebnis, daß zwischen den Idealvorstellungen und der Praxis oft eine große Lücke klafft, die zwangsläufig zum Mißerfolg führen muß.

Dieses Buch beschäftigt sich mit dem Machbaren. Es zeigt Beispiele, die in dieser Zusammenstellung schon jahrelang funktionieren. Hier werden Tiere und Pflanzen aufgezählt, die zusammenpassen.

Man erfährt, warum sie in diesem Aquarium sind, wie man sie füttert und pflegt. Nicht speziell behandelt sind jedoch die Grundbegriffe der Aquaristik, es fehlen auch die ausführlichen Beschreibungen der Fische und der Pflanzen. Darüber gibt es bereits eine große Spezialliteratur. Die wichtigsten Titel sind im Literaturverzeichnis aufgeführt.

Warum ist die Aquaristik so beliebt?

Mit dem Aquarium holen wir uns eine völlig fremde Welt ins Zimmer. Tiere und Pflanzen aus fernen, oft völlig verschiedenen Welten entnommen, kombinieren wir zu einer neuen Gesellschaft, einem künstlichen Biotop, das wir zwar nach unseren Vorstellungen aufbauen können, das sich aber nach eigenen Gesetzlichkeiten einspielt. Dabei sind wir jederzeit für das Wohlergehen der von uns ausgewählten Lebewesen verantwortlich. Denn auch Pilze, Bakterien, Algen empfinden diese Miniwelt als so geeignet für sich, daß sie Fische angreifen, Pflanzen überwuchern und vernichten und ein eigenes, für uns unschönes Biotop entstehen lassen. Um dieses zu verhindern, besitzen wir eine Vielzahl biologischer, technischer und medizinischer Hilfsmittel. Allen geschilderten Aquarientypen ist gemeinsam, daß sie vielen, sehr verschieden gearteten Menschen eine neue Welt in ihr Dasein bringen, die sie jahrelang, oft ein ganzes Leben lang fesseln wird und immer wieder neue Aspekte bieten kann. Wirkliches gesundes Leben ist eben so vielgestaltig, daß es nie langweilig ist und immer wieder neue Überraschungen bietet.

Klaus Paysan

Merke: Bei allen Industrieprodukten muß die Gebrauchsanweisung stets genau eingehalten werden.

Regeln, die man beherzigen sollte

Der Lebensraum. Ein Aquarium ist um so leichter zu pflegen, je größer es ist. Ein sogenanntes biologisches Gleichgewicht kann sich erst einstellen, wenn eine genügend große Zahl von Lebewesen in einer ausreichenden Wassermenge lebt. Man rechnet pro Zentimeter Fisch einen bis zwei Liter Wasser als dringend erforderlich im Warmwasserbecken.

Die meisten der hier im Buch angegebenen Aquarienmaße sind Mindestgrößen; die Aquarien könnten für den gleichen Besatz auch größer sein. Erst der Einsatz technischer Hilfen ermöglicht die gezeigten Aquarien.

Die Pflanzen. Sorgen Sie für einen dichten und gesunden Pflanzenwuchs. Denn gut wachsende Pflanzen entziehen dem Wasser Nitrat und stabilisieren damit das biologische Geschehen im Aquarium. Verwenden Sie nitrat- und phosphatfreie Düngemittel, wie z. B. Tetra PlantaMin, Tetra Crypto-Dünger und Tetra Initial D, denn diese versorgen die Wasserpflanzen mit ausgewogenen Mikro- und Spurenelementen. Sie brauchen zum Wachstum Licht, Dünger und Kohlensäure. Einen Teil ihrer Nahrung beziehen sie aus den Stoffwechselprodukten der Fische. Für ein gutes Wachstum genügt das nicht. Eisen und Spurenelemente müssen zusätzlich gegeben werden. Mit Kohlensäuredüngung erreichen wir das beste Wachstum.

Die Filterung. In dem Schaumstoff der Brillantfilter siedeln sich nützliche Bakterien an, die wesentlich an der Vernichtung schädlicher Stoffwechselprodukte beteiligt sind. Motorfilter entfernen den Schmutz überwiegend mechanisch und sorgen für gute Wasserbewegung.

Die Heizung. Heizmatten unter dem Aquarium bringen bessere Wärmeverteilung und Wasserzirkulation im Boden, die den Pflanzenwuchs fördert. Thermostate mit Niederspannungstemperaturfühler bedeuten: keine Netzspannung im Wasser – mehr Sicherheit!

Die Belüftung. Tagsüber erzeugen die Pflanzen Sauerstoff, eine Belüftung ist nicht nötig. Ausströmersteine sind sogar schädlich, da der Pflanzennährstoff Kohlensäure ausgetrieben wird. Nachts verbrauchen die Pflanzen Sauerstoff, deshalb ist bei dichtem Besatz nachts eine Belüftung nötig.

Die Beleuchtung. Licht in der richtigen Farbe und der richtigen Menge ist für die Pflanzen lebenswichtig. 0,4 – 0,7 Watt pro Liter sind ausreichend.
Die Beleuchtungsdauer wird mit der Zeitschaltuhr reguliert und muß 12 – 13 Stunden am Tag betragen.

Biologische Putzerkolonne. Außer den technischen Hilfsmitteln gibt es in der Natur eine Reihe von Tieren, die uns bei der Pflege des Aquariums sehr nützlich sein können. Panzerwelse fressen eine Menge Rest vom Boden weg. Die Siamesische Rüsselschmerle, das Borstenmaul, der Blaue Antennenwels, verschiedene Saugwelsarten, Guppys, Schwertträger und Black Mollys fressen Algen und zerfallende Blätter.

Die Fütterung. Heute gibt es, auch für Nahrungsspezialisten, so ausgezeichnete Futtersorten von Tetra, daß man nicht mehr riskieren muß, mit Tubifex oder mit Wasserflöhen Krankheiten ins Aquarium einzuschleppen. Es gibt aber Fische, die nicht ohne Lebendfutter gezüchtet werden können.

Die Wasserbeschaffenheit. Veränderungen der Wasserverhältnisse können Schäden für Fische und Pflanzen mit sich bringen. Wer sicher gehen will, testet regelmäßig sein Aquariumwasser. Grundsätzlich sollte ein Teilwasserwechsel ($1/4$ bis $1/3$ des Wassers alle 2 bis 4 Wochen) unter Verwendung von Wasseraufbereitungsmittel, wie z. B. Tetra AquaSafe, durchgeführt werden. Sehr zu empfehlen sind ferner Vitalisierungsmittel wie z. B. TetraVital und Tetra ToruMin, die dem Frischwasser wichtige Vitamine und Spurenelemente zuführen.

Der Urlaub. Ein gut eingefahrenes Aquarium mit kräftigem Pflanzenwuchs und gesunden Fischen kaknn man ohne weiteres 14 Tage bis drei Wochen sich selbst überlassen. Hungern müssen die alleingelassenen Fische kaum, denn sie fressen weiche und absterbende Pflanzenteile und an den Scheiben, am Boden und an den Pflanzen finden sie Infusorien und Algen, die eine ausreichende Ernährung abgeben.
Wer seine Tiere nicht darben lassen will, kauft sich einen Futterautomaten. Je nach Einstellung fällt so jeden Tag die nötige Futtermenge in das Aquarium. Glücklich ist, wer einen zuverlässigen Helfer für die Ferienzeit hat. Doch auch ihn sollte man entlasten. Man läßt das Flockenfutter weg und schreibt an jedes Aquarium, wieviel Futtertabletten jeden zweiten Tag verfüttert werden sollen. Gut ist es auch, wenn der Helfer auch die Adresse des Stammzoohändlers kennt, um sich dort im Notfall Rat und Hilfe zu holen.

GOLDFISCHE

Heimat Ostasien

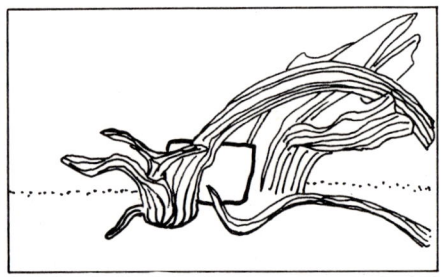

von vorne

Die Einrichtung

Aquariummindestgröße bei Besatz mit Jungfischen 70 × 38 × 33 cm, Inhalt etwa 85 Liter. Ein größeres Aquarium ist leichter zu pflegen. 15 Liter gewaschener Kies, Körnung 2–3 mm. 2 große Moorkienwurzeln, 1 kleine Moorkienwurzel, 1 großer Buntsandstein.

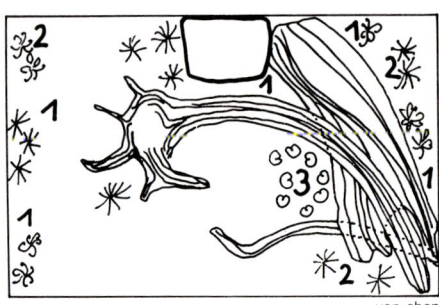

von oben

Die Pflege

Wöchentlich ⅓ Wasserwechsel. Goldifit zugeben. Abgefressene Pflanzen müssen ersetzt werden.

Die Fische

5 Goldfische **(A)**
(Carassius auratus)
5 Harlekingoldfische **(B)**
Zuchtformen

Warum diese Fische?

Goldfische gelten zu Unrecht als Anfängerfische. Heute gibt es so viele verschiedene Farbspielarten, daß ein schön eingerichtetes und wohlbeleuchtetes Goldfischaquarium einen besonderen Platz in der Wohnung verdient. Diese unkomplizierten lebhaften Fische bringen mit ihren goldroten Farbtönen die Sonne ins Haus. Viele Goldfische werden im Sommer im Gartenteich gehalten und vermehren sich dort leicht. Oft müssen sie den Winter in einem Waschzuber oder einem anderen Gefäß im Keller verbringen, dabei könnten sie quirlendes, buntes Leben in Ihre Stube bringen. Versuchen Sie es einmal.

Das Futter

Tetra AniMin, Goldfisch Sticks

Das Wasser

Temperaturbereich bis 22 °C, Leitungswasser mit Goldifit aufbereiten. Keine besonderen Ansprüche an die Wasserhärte.

Muß der Goldfisch in einer Glaskugel so lange im Kreis schwimmen, bis sein Rückgrat die Rundung seiner Behausung annimmt? Müssen die Fische, die im Sommer den Gartenteich mit ihrem munteren Leben bevölkern, den Winter im Waschzuber im Keller verbringen?

Nein! Mit wenigen Moorkienwurzeln, einigen dekorativen Felsen und raschwüchsigen Pflanzen wird das Goldfischbecken für Kinder und Erwachsene ein Schmuckstück der Wohnung.

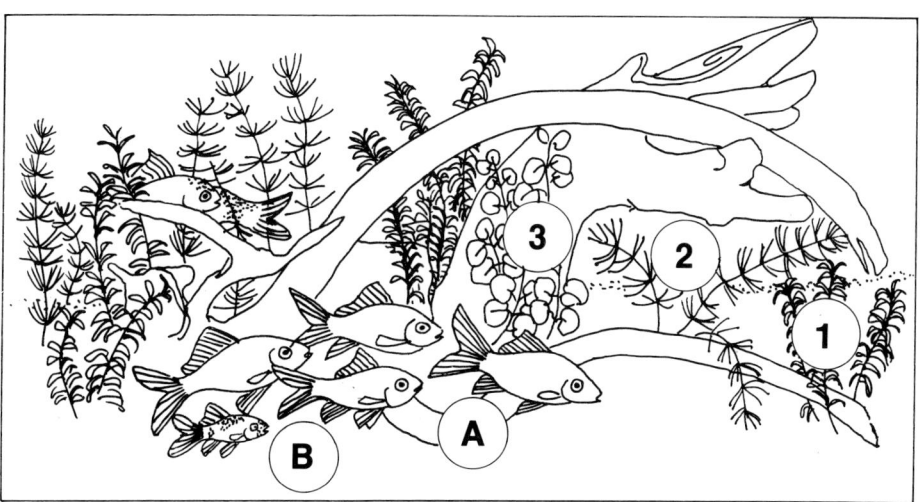

Die Pflanzen

40 Großblättrige Wasserpest **(1)**
(Egeria densa)
20 Stengel Gemeines Hornblatt **(2)**
(Ceratophyllum demersum)
5 Pfennigkräuter **(3)**
(Lysimachia nummularia)

Warum diese Pflanzen?
Goldfische sind Pflanzenfresser, deshalb müssen in ihrem Aquarium schnellwüchsige, robuste Pflanzen stehen, die zudem sehr viel Sauerstoff erzeugen. Vor allem das Gemeine Hornkraut wird sehr gerne gefressen und muß deshalb häufig ersetzt werden. Es läßt sich aber leicht in einem Eimer auf dem Balkon nachziehen, wenn man es im Zoohandel nicht bekommt, sogar die abgefressenen Stengel treiben wieder aus. Das Pfennigkraut ist keine eigentliche Wasserpflanze, es hält es aber sehr lange im Aquarium aus und oft gedeiht es viele Jahre lang und treibt immer wieder neue Stengel. Es ist hart und wird von den Goldfischen nicht gefressen.

Die Beurteilung

Goldfische können recht alt werden und wachsen bei guter Fütterung sehr rasch. Deshalb sollte man sich von vornherein zum Kauf eines Beckens mit mindestens 200 l Inhalt entschließen. Die Goldfische fressen aus der Hand und lernen Kunststücke wie Durchschwimmen eines Reifens. Für Anfänger gut geeignet. Pflegeleicht.

Die Technik siehe Seite 108.
A/B, F oder G, I, O, Q

Nordamerikanische Zwergfische

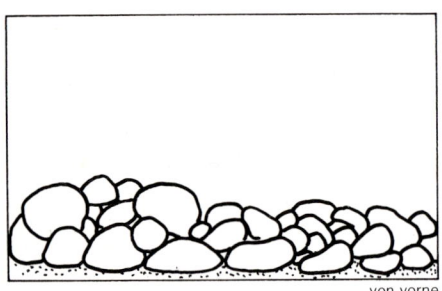
von vorne

Das Wasser

Temperaturbereich 18–22 °C, es sollte nicht sehr viel wärmer werden, kann aber auch bis 10 °C abkühlen. Leitungswasser mit AquaSafe aufbereiten. keine besonderen Ansprüche an die Wasserhärte.

Die Einrichtung

Aquariummindestgröße 50 × 28 × 30 cm, etwa 40 Liter Inhalt.
5 Liter gewaschener Kies, Körnung 3 mm. Vom Wasser rund geschliffene Flußkiesel, die nach der Farbe und Form ausgewählt und angeordnet werden. Pflanzen und Steine zusammen bilden eine große Zahl von Kleinrevieren, so daß viele Fischpaare in diesem kleinen Becken gehalten werden können.

Die Pflanzen

15 Amerikanische Wasserhecken **(1)**
(Didiplis diandra)
10 Nadelsimsen **(2)**
(Eleocharis acicularis)
2 Kardinals-Lobelien **(3)**
(Lobelia cardinalis)
15 Ludwigia **(4)**
(Ludwigia repens)
15 Schmalblättrige Ludwigia **(5)**
(Ludwigia repens x palustris)
10 Zwerg-Schraubenvallisnerien **(6)**
(Vallisneria americana)

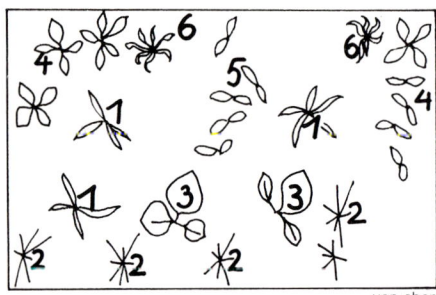
von oben

Die Pflege

Alle 3 Wochen Wechsel von ⅓ der Wassermenge, dabei Zugabe von AquaSafe und PlantaMin. Auslichten der wuchernden Pflanzen.

Warum diese Pflanzen?
Die Pflanzen kommen in der Heimat der Fische vor. Sie sind für das Kaltwasseraquarium besonders geeignet. Die Schmalblättrige Ludwigia ist eine Zuchtform. Sie ist leicht zu vermehren und wächst gut. Die Nadelsimse verbreitet sich mit Ausläufern bald über das ganze Becken. Mit der amerikanischen Wasserhecke kann man das Aquarium in mehrere Bezirke teilen. So können sich rivalisierende Männchen Reviere aufbauen, ohne vom anderen gesehen und gestört zu werden.

KALTWASSERAQUARIEN

In den nordamerikanischen Sumpfgebieten leben zwei der kleinsten Fischarten der Welt. Ihrer Heimat wurde das Aquarium nachempfunden. Die Pflanzen stammen aus den Heimatbiotopen oder sind den dort vorkommenden Pflanzen sehr ähnlich.

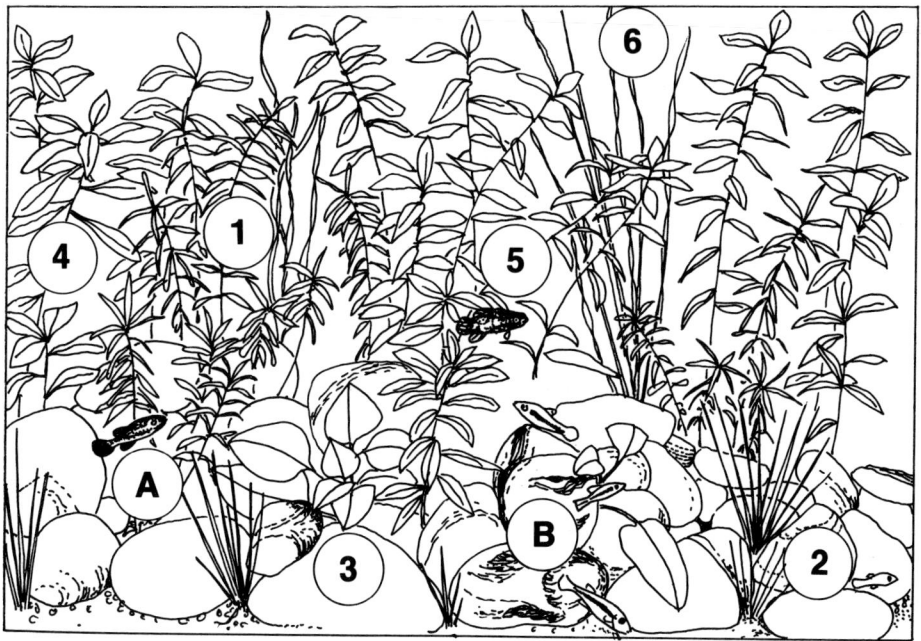

Die Fische

5,5 Zwergsonnenbarsche **(A)**
(Elassoma evergladei)
10,10 Zwergkärpflinge **(B)**
(Heterandria formosa)

Warum diese Fische?
Entscheidend für die Wahl der Fische und deren gemeinsame Pflege sind drei Dinge: Erstens gehören sie zu den kleinsten Fischen der Welt, zweitens stammen sie aus der gleichen Landschaft und drittens sind beides nahezu Kaltwasserfische. Der Zwergkärpfling bewohnt im Schwarm vorwiegend obere und mittlere Wasserschichten, während der Zwergsonnenbarsch am Boden sein Revier verteidigt und dort auch balzt. So kommen sich die beiden Fischarten kaum ins Gehege und geben in ihrer Kleinheit, ihrer unterschiedlichen Färbung und Zeichnung dem Aquarium einen besonderen Anreiz.

Das Futter

TetraMin, TetraRubin, Tetra FD-Menü, TetraOvin. Ohne Lebendfutter können die Zwergbarsche nicht gehalten werden.

Die Beurteilung

Ein Aquarium, das wirklich klein sein muß, damit die Fische darin nicht verloren gehen. Die Zwergkärpflinge sind lebendgebärend, die Zwergsonnenbarsche brutpflegend. So können wir in einem Aquarium ein weites Spektrum von Fischverhalten beobachten.

Die Technik siehe Seite 108.
A/B, F, O, P, Q

Einheimische Fische

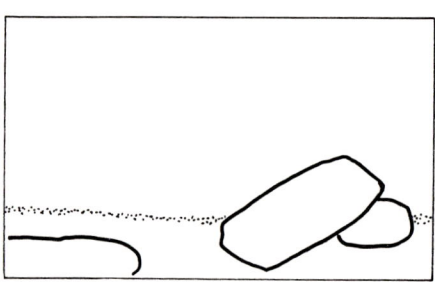

Die Einrichtung

Aquariummindestgröße 70 × 38 × 33 cm, Inhalt etwa 85 Liter. Besser ist ein größeres Becken. 10 Liter ungewaschener Kies, Körnung 5 mm, darüber 5 Liter gewaschener Kies. 1 große Moorkienwurzel, 2 vom Wasser glattgeschliffene Granitbrocken.

Die Pflege

Wöchentlich ½ Wasserwechsel, AquaSafe und Tetra PlantaMin zugeben. Auslichten und Einkürzen des Tausendblatts, Entfernen der löchrigen oder absterbenden Teichrosenblätter.

Die Fische

5,5 Elritzen **(A)**
(Phoxinus phoxinus)
2 Gründlinge
(Gobio gobio)
4 Schmerlen
(Noemacheilus barbatulus)

Warum diese Fische?
Aus der großen Zahl der einheimischen Fische sind die kleinen und friedlichen ausgesucht worden. Elritzen bevölkern in lebhaftem Schwarm das ganze Becken, der Gründling hält sich in der Nähe des Bodens auf und die Schmerle belebt die Bodenfläche. Die hier gehaltenen Fische zerstören keine Pflanzen, sind keine Nahrungsspezialisten, also mit einem Qualitätsflockenfutter gut zu ernähren und haben keinen übertriebenen Sauerstoffbedarf. Man kann selbstverständlich auch die Jungfische unserer sonstigen größeren Fische halten, doch diese wachsen sehr schnell heran. Ein Hecht z. B. kann bei guter Fütterung im Aquarium in einem Jahr von einem fingerlangen Tierchen auf 50 cm Länge heranwachsen.

Das Wasser

Temperaturbereich 18–22 °C, Leitungswasser mit AquaSafe aufbereiten. Keine besonderen Ansprüche an die Wasserhärte.

Das Futter

TetraMin, TetraPhyll, Tetra AniMin, TetraTips FD, TabiMin

Ein schönes Heimataquarium mit Pflanzen und Fischen aus unseren Flüssen, Bächen und Seen dauerhaft einzurichten, gehört immer noch zu den großen Leistungen in der Aquaristik. Die heimischen Fische sind meist auf kühles, sauerstoffreiches Wasser eingestellt und bekommen Atmungsschwierigkeiten, sobald die Temperatur stärker ansteigt, die Pflanzen sind in ihrem Wachstums-Rhythmus unseren Jahreszeiten angepaßt.

Die Pflanzen

5 Gelbe Teichrosen **(1)**
(Nuphar lutea)
20 Quirlblättrige Tausendblätter **(2)**
(Myriophyllum verticillatum)
1 Büschel Quellmoos **(3)**
(Fontinalis antipyretica)

Warum diese Pflanzen?
Die Gelbe Teichrose wird trotz ihrer weichen, lappigen Blätter kaum von Fischen gefressen. Sie eignet sich deshalb als dekorative Pflanze besonders für das Aquarium. Auch erträgt sie Wärme und behält einen Teil ihrer Blätter auch im Winter. Manches Mal bildet sie Schwimmblätter, die man aber entfernt, danach bildet sie wieder Unterwasserblätter. Zu den großflächigen Blättern der Teichrose bildet das feingefiederte Tausendblatt einen schönen Kontrast, der auch in der Farbe wirkt. Damit sich die Blättchen des Tausendblatts nicht schnell mit Schmutz zusetzen, muß man stark filtern.

Die Beurteilung

Elritzen sind Schwarmfische, die sehr lebhaft sind. Deshalb sollte trotz ihrer relativ geringen Größe das Aquarium doch wenigstens 1 m Länge haben. Mit dem Filterauslaß erzeugen wir einen stark durchströmten Bereich. Pflegeleicht, muß stets kühl stehen.

Die Technik siehe Seite 108.
A, F oder G, I, O, P, Q

Schleierschwänze

Heimat Ostasien

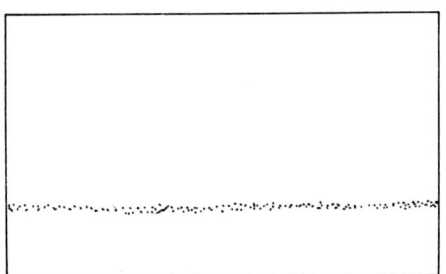
von vorne

Die Einrichtung

1200-Liter-Becken in der Wilhelma, Stuttgart.
Frontscheibe 98 × 73 cm.
Halbkreisförmige Rückwand aus Beton. Für den Aquarianer ist ein Glas- oder Eternitbecken geeigneter. Kies mit verschiedenem Durchmesser bis 10 mm Körnung. Aquarieninhalt ab 200 Liter.

von oben

Die Pflege

Wöchentlich mehr als $1/3$ der Wassermenge wechseln. Starke Filterung, da die Schleierschwänze sehr viel fressen und entsprechend viel Kot produzieren. Pflanzen erneuern, falls sie abgefressen sind, was kaum vermeidbar ist. PlantaMin und Goldifit zugeben.

Das Wasser

Viele halten die Schleierschwänze bei Zimmertemperatur, sehr gute Zuchtergebnisse haben sich aber bei 25 °C und höheren Temperaturen ergeben. Zum Beispiel züchtet man in der Wilhelma schöne Exemplare im Seerosenteich bei mehr als 30 °C. Leitungswasser mit Goldifit aufbereiten. Keine besonderen Ansprüche an die Wasserhärte.

Die Fische

Zuchtformen vom Goldfisch (Carassius auratus);
Schleierschwanz **(A)**, Löwenkopf, Teleskopfisch **(B)**, Rotkäppchenoranda **(C)** und andere 20 große Fische.

Warum diese Fische?

Schleierschwänze gehörten bisher nicht gerade zu den zeitgemäßen Modefischen. Doch steigt ihre Beliebtheit im Augenblick wieder stark an. Wegen der wallenden Flossen und der leuchtenden Goldfarben haben sie viele Freunde. Ihre Haltung erfordert jedoch sehr große Becken, in denen sie nicht in der Bewegungsfreiheit behindert werden. Um makellose Spitzentiere zu bekommen, muß man lange suchen und auch sehr viel dafür bezahlen. Sehr schöne Jungtiere gibt es aber schon recht billig.

Das Futter

Tetra AniMin, Goldfisch Sticks

Die Technik siehe Seite 108.
A, C, G, I, O, P, Q

KALTWASSERAQUARIEN

Eigentlich müßte man die Schleierschwänze wie in ihrem Ursprungsland, dem Fernen Osten, halten. Dort hält man sie in großen flachen Gefäßen, und sie werden von oben her betrachtet. Die wunderschönen Bewegungen der wallenden Schleierflossen kommen dann zur Geltung, während die runden, dicken Körper kaum sichtbar sind. Doch auch die hier beschriebene Haltungsweise hat ihre Reize.

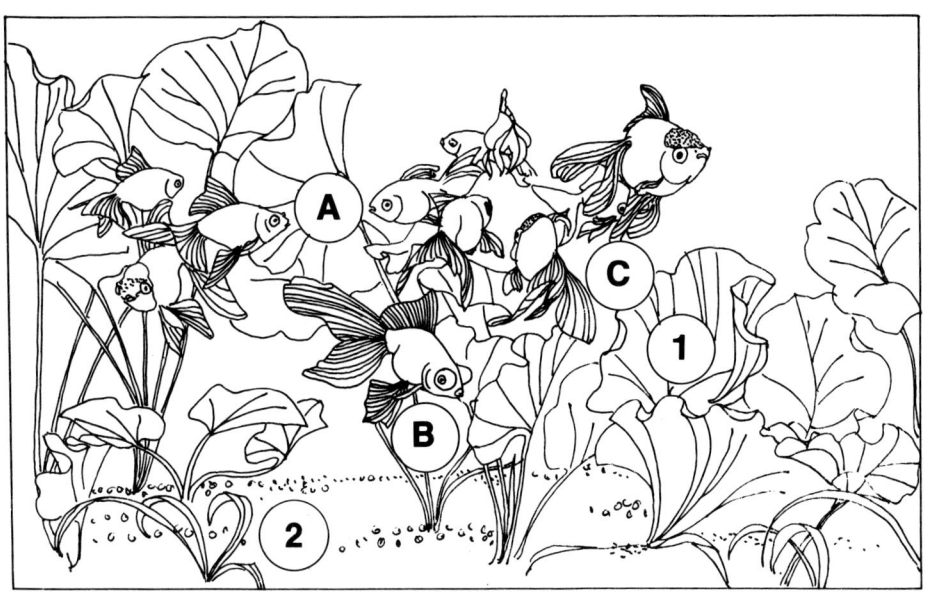

Die Pflanzen

Gelbe Teichrose **(1)**
(Nuphar lutea)
Riesenpfeilkraut **(2)**
(Sagittaria latifolia)

Warum diese Pflanzen?
Schleierschwänze ernähren sich von gemischter, daher auch pflanzlicher Kost. Deshalb müssen für das Aquarium Pflanzen ausgewählt werden, die ihnen entweder zu hart sind oder nicht immer schmecken. Offensichtlich schmeckt ihnen die Teichrose nicht sehr und die großen Sagittarienblätter scheinen ihnen zu hart zu sein. Zu den nostalgischen Farben und Formen der Schleierschwänze passen die beiden Pflanzenformen vorzüglich, das Bild wirkt damit fast östlich.

Die Beurteilung

Unter den Liebhabern von Schleierschwanzvarietäten gibt es zwei Schulen. Die einen halten die Tiere bei Temperaturen um 20 °C und senken die Temperatur im Winter noch mehr ab, um eine Winterruhe zu ermöglichen. Die anderen halten die Fische bei ca. 32 °C, dann sind sie ganz entschieden lebhafter und feuriger. Ein großflächiger Biofilter mit gut funktionierenden Bakterien ist zusätzlich zum Motorfilter zu empfehlen.

Lebendgebärende Zahnkarpfen, Zuchtformen

Heimat Südamerika

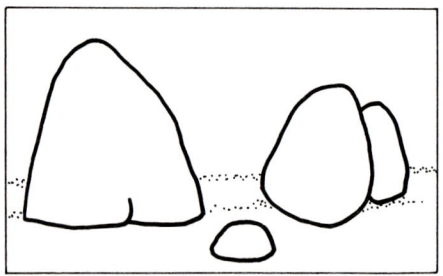
von vorne

Die Einrichtung

Aquariummindestgröße 70 × 38 × 33 cm, Inhalt etwa 85 Liter.
4 große grünliche Serpentingesteinsbrocken, 5 Liter ungewaschener Kies, Körnung 3 mm, mit Tetra Initial D vermischt, darüber 10 mm Flußkies, verschiedenfarbig.

von oben

Die Pflege

Alle 3 Wochen 1/3 Wasserwechsel. AquaSafe und PlantaMin zugeben. Die bei der Einrichtung eingesetzten Pflanzen werden schnell größer und müssen ausgelichtet werden.

Die Fische

8,4 Triangelguppys **(A)**
(Poecilia reticulata) Zuchtform
1,1 Hochflossenplatys
(Xiphophorus maculatus) Zuchtform
1,1 Blaue Platys **(B)**
(Xiphophorus maculatus) Zuchtform
2,2 Korallenplatys **(C)**
(Xiphophorus maculatus) Zuchtform
1,1 Wagtailplatys **(D)**
(Xiphophorus maculatus) Zuchtform
1,1 Lyratail-Blackmollys **(E)**
(Poecilia sphenops) Zuchtform

Warum diese Fische?

Ein Aquarium gefüllt mit derart buntem Leben ist ein dauerndes Erleben. Die Triangelguppys mit ihren großen farbigen Dreieckschwänzen beherrschen das Becken. Jeder Guppy ist anders gezeichnet und jeder Guppyschwanz hat ein anderes Farbmuster, selbst die Guppyweibchen sind nicht mehr so einfarbig wie die Weibchen der Wildform, auch sie haben vergrößerte, farbige Schwänze. Um in die lebhafte Gesellschaft noch einige ruhige Punkte einzubringen, sind verschiedene Platys, die durch ihre ganz andere Farbigkeit auffallen, mit im Aquarium. Auch die LyratailBlackmollys wirken mit ihrem ruhigen Schwarz und sind zudem ausgezeichnete Algenvertilger.

Das Wasser

Temperaturbereich 24–26 °C, Leitungswasser mit AquaSafe aufbereiten, pH-Wert neutral. Keine besonderen Ansprüche an die Wasserhärte; es kann sehr hart sein.

Das Futter

TetraMin, TetraRubin, TetraPhyll, Tetra FD-Menü, TetraTips FD, TetraOvin.

Kaltwasseraquarien

Der dekorativen Form des Herzblättrigen Wasserwegerichs ist das ganze Becken untergeordnet. Selbst die Breite Amazonaspflanze, die für sich allein schon eine Solitärpflanze im Becken sein könnte, ist hier als Hintergrundpflanze verdrängt. Ganz in Grün und seinen Abstufungen sind Steine und Pflanzen gewählt, denn die Fische sind so farbig wie selten: Zuchtformen der Zahnkarpfen, lebhafte Schmuckstücke der Natur.

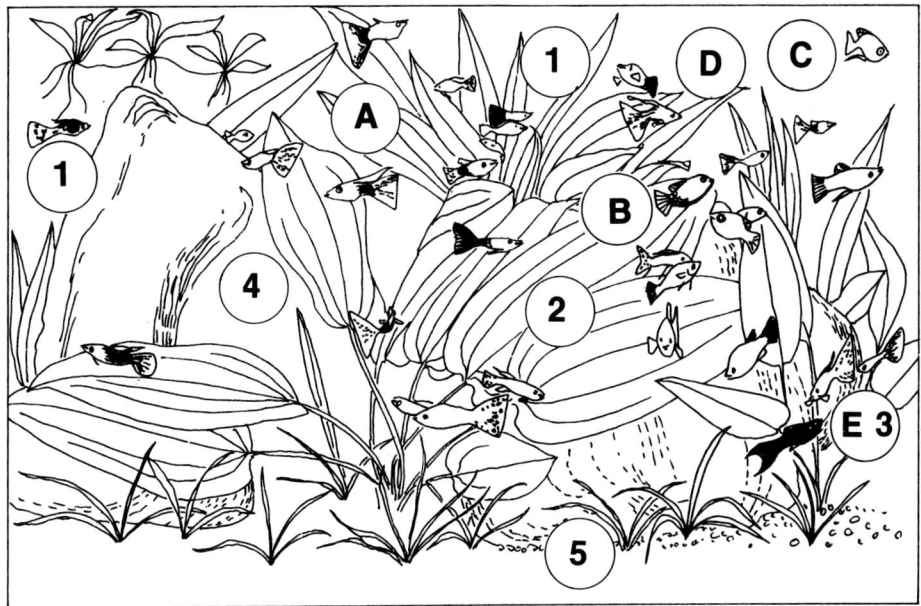

Die Pflanzen

8 Breite Amazonaspflanzen **(1)**
(Echinodorus bleheri)
2 Herzblättrige Wasserwegeriche **(2)**
(Echinodorus cordifolius)
1 Aschersons Amazonaspflanze **(3)**
(Echinodorus aschersonianus)
3 Breitblättrige Pfeilkräuter **(4)**
(Sagittaria platyphylla)
20 Zwergpfeilkräuter **(5)**
(Sagittaria subulata f. pusilla)

Warum diese Pflanzen?
Die Breiten Amazonaspflanzen verdecken den Hintergrund und erwecken den Eindruck eines Aquariums, das in einen tiefen Pflanzendschungel übergeht. Der Herzblättrige Wasserwegerich ist die beherrschende Pflanze des Beckens. Seine Blätter stehen in einem herrlichen Gegensatz zu den lebhaft bewegten farbigen Guppys. Die Zwergpfeilkräuter beleben den Boden und werden ihn bald ganz bedeckt haben. Die Herzblättrigen Wasserwegeriche und die Breiten Amazonaspflanzen wurden als Jungpflanzen eingepflanzt. Sie wachsen heran und müssen dann dem Platz entsprechend ausgelichtet werden.

Die Beurteilung

Wenn man bereits voll ausgewachsene Guppys mit herrlichen Schwänzen kauft, dann muß man sich darüber klar sein, daß ein guter Teil ihres Lebens schon abgelaufen ist. Unansehnliche Nachkommen muß man entfernen und immer neue Prachtguppys nachkaufen. Besonders muß man auf Wasserhygiene und Gesundheit achten. Für Anfänger.

Die Technik siehe Seite 108.
A, B, D, G, I, K oder L, N, O, P, Q

Hartwasser-Gesellschaftsbecken

Fische aus aller Welt

von vorne

Die Einrichtung

Bei Besatz mit Jungfischen Aquariummindestgröße 100 × 40 × 50 cm, Inhalt etwa 200 Liter.
15 Liter gewaschener Kies, 2–3 mm Körnung, 5 Liter feiner Seesand, 7 große Kalklochsteine.

von oben

Die Fische

2,2 Zwergregenbogenfische **(A)**
(Nematocentris macculochi)
1,1 Regenbogenfische **(B)**
(Melanotaenia nigrans)
1,1 Schwarzflossenregenbogenfische **(C)**
(Melanotaenia affinis)
2 Schützenfische **(D)**
(Toxotes jaculator)
1,1 Pseudotropheus spec. **(E)**
2,2 Perlen von Likoma **(F)**
(Labidochromis caeruleus likomae)
1 Punktierter Harnischwels
(Hypostomus punctatus)

Warum diese Fische?
Von den streitsüchtigen Malawiseecichliden ist es manchmal schwer, mehr als ein ausgewachsenes Paar beieinander zu halten. Für das vorliegende Aquarium wurden deshalb Fische ausgewählt, die von der Farbe her gut zusammenpassen und die sich gegenseitig höchstens jagen, aber nicht verbeißen. Die Pseudotropheus halten sich vorwiegend in den unteren Bereichen auf, die Schwärme der Regenbogenfische tummeln sich in den oberen freien Schwimmräumen, die Schützenfische sind reine Oberflächenfische, die besonders interessant sind, weil sie Luftinsekten durch einen gezielt gespuckten Wasserstrahl erbeuten können.

Die Pflege

Alle zwei Wochen ⅓ Wasserwechsel. AquaSafe zugeben.

Das Futter

TetraMin, TetraRubin, TetraPhyll, TetraMarin, Tetra FD-Menü, TetraTips FD, TabiMin.

GESELLSCHAFTSBECKEN

Große, durchlöcherte Kalkfelsen geben Umgebung und Verstecke für eine vielfältige Fischgesellschaft, die aus harten Gewässern aus aller Welt stammt. Das Schwergewicht der Gestaltung liegt dieses Mal allein in der Anordnung der Felsen, da viele der Fische Pflanzenfresser sind und die meisten Aquarienpflanzen ein so hartes Wasser auch nicht ertragen.

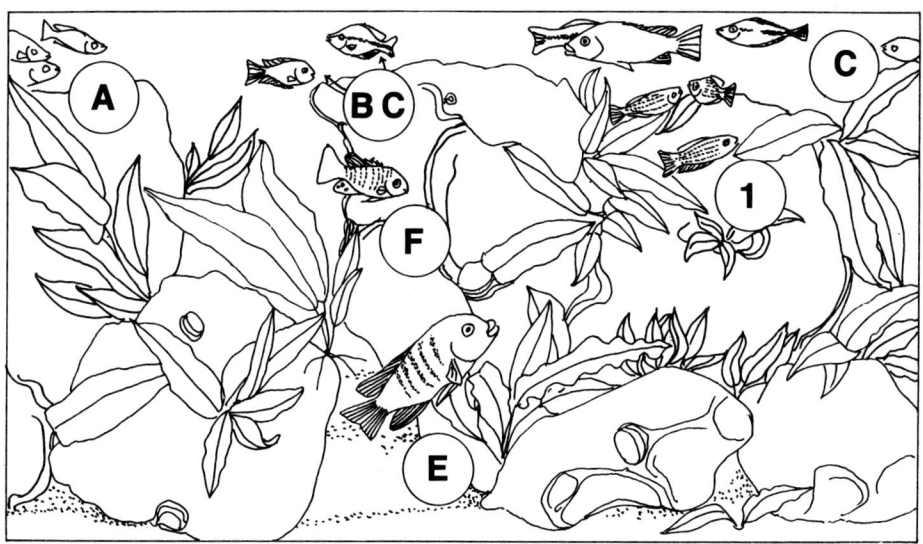

Die Pflanzen

15 Javafarne **(1)**
(Microsorium pteropus)

Warum diese Pflanze?
Zu den hellen Felsen bieten die großflächigen Blätter des Javafarns einen wirkungsvollen Gegensatz. Seine derben Blätter werden nicht gefressen und seine feinfädigen Wurzelbüschel bieten verfolgten Fischen Versteckmöglichkeiten. Während viele Wasserpflanzen nicht in so hartem Wasser gedeihen, wächst der Javafarn trotzdem noch recht gut. Zusätzlich kann man noch das Gemeine Hornblatt (Ceratophyllum) halten, das sehr rasch wächst und gerne gefressen wird, auch ist es ein guter Sauerstoffspender.

Das Wasser

Temperaturbereich 24–28 °C, Härte mehr als 20 °dGH, Leitungswasser mit AquaSafe aufbereiten, pH-Wert neutral bis leicht alkalisch, es kann sehr hart sein.

Die Beurteilung

Ein solches Becken kann man nur betreiben, wenn man die Fische schon als Jungtiere aneinander gewöhnt. Später kann man keine neuen Fische dazugeben, denn die Malawicichliden entwickeln sich häufig zu sehr aggressiven Tieren.
Nicht für Anfänger geeignet.

Die Technik siehe Seite 108.
A, B, G, I, K oder L, O, P, Q

Weichwasser-Gesellschaftsbecken

Fische und Pflanzen aus aller Welt

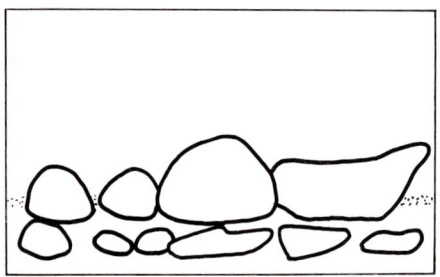
von vorne

Die Fische

2,2 Rotschwanzbärblinge **(A)**
(Rasbora borapetensis)
6 Hengels Keilfleckbarben **(B)**
(Rasbora hengeli)
2,2 Keilfleckbarben **(C)**
(Rasbora heteromorpha)
2,2 Glasbärblinge **(D)**
(Rasbora trilineata)
1,1 Streifenhechtlinge **(E)**
(Aplocheilus lineatus)
5 Blutsalmler, Serpa Salmler **(F)**
(Hyphessobrycon callistus „callistus")
2 Zwerg-Harnischwelse
(Loricaria filamentosa)
1,1 Schwertträger **(G)**
(Xyphophorus helleri)
Zuchtformen
2 Saugwelse
(Otocinclus affinis)
1 Borstenmaul
(Ancistrus cirrhosus)

Die Einrichtung

Aquariummindestgröße bei Besatz mit Jungfischen 70 × 38 × 33 cm, Inhalt etwa 85 Liter. Besser ist ein 100-l-Becken. 5 Liter ungewaschener Kies, Körnung 2–3 mm, wird mit Tetra Initial D vermengt, darüber kommen 10 Liter gewaschener Kies. 3 große Steine teilen den Hintergrund ab. 5 mittlere Steine bringen in den Vordergrund eine Stufung. 10 kleine abgerundete Steine werden unregelmäßig verteilt.

Warum diese Fische?

Wer nur ein schönes Becken im Zimmer haben will, der kauft sich seine Fische zunächst nicht nach geographischen Gesichtspunkten, sondern stellt die Beckeninsassen nach seinem persönlichen Geschmack zusammen. Ein solches Becken, das lebendig, farbig und formenreich ist, zeigen wir hier. Alle Bereiche des Aquariums sind bewohnt. Der Boden von Zwerg-Harnischwelsen, die Oberfläche von den Streifenhechtlingen und dazwischen schwimmen die kleinen Schwärme der anderen Fische.

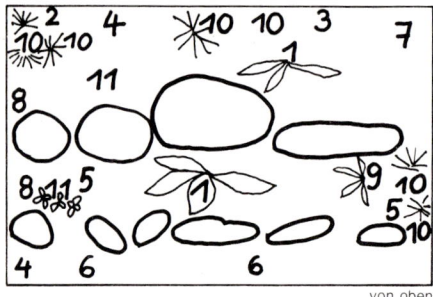
von oben

Die Pflege

Wegen der reichlichen Besetzung ist eine starke Filterung dringend nötig. Die stark wuchernden Pflanzen müssen ausgeliehtet oder verkürzt werden. Absterbende Blätter entfernen. Alle 2 Wochen $^1/_3$ Wasserwechsel. AquaSafe und PlantaMin zugeben. Mit weichem Wasser auffüllen. Verdapftes Wasser durch entsalztes Wasser ersetzen.

Das Futter

TetraMin, TetraRubin, TetraPhyll, TetraTips FD, TetraOvin, TabiMin, TetraMenü.

GESELLSCHAFTSBECKEN

Eine große Solitärpflanze beherrscht die Aquarienmitte, dichte Pflanzendschungel ziehen sich an den Seiten und der Rückwand hin. Eine Felsenbarriere teilt Vorder- und Hintergrund in verschieden hohes Bodenniveau. Schwärme von kleinen Fischen ziehen hin und her, dazwischen schwimmen als Farbtupfer Schwertträgerzuchtformen.

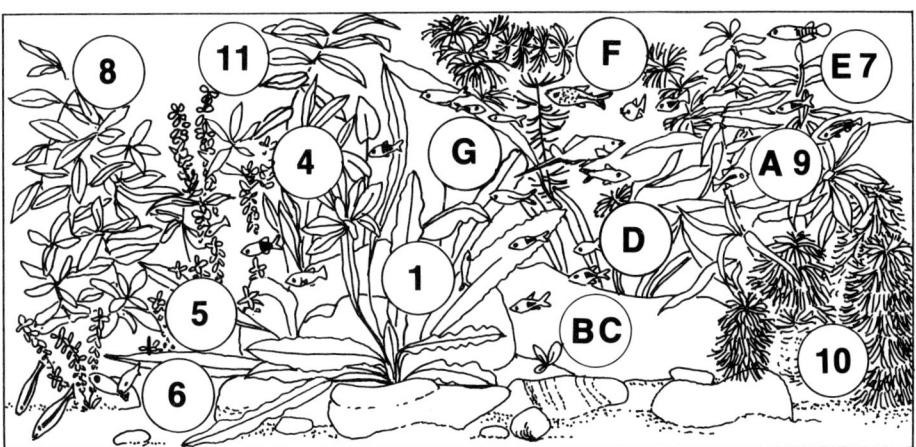

Die Pflanzen

2 Riesen-Amazonaspflanzen **(1)**
(Echinodorus maior)
3 Genoppte Wasserkelche **(2)**
(Cryptocoryne balansae)
3 Gewimperte Wasserkelche **(3)**
(Cryptocoryne ciliata)
3 Herzblatt-Wasserkelche **(4)**
(Cryptocoryne cordata)
3 Haertels Wasserkelche **(5)**
(Cryptocoryne affinis)
10 Zwerg-Wasserkelche **(6)**
(Cryptocoryne willisii)
1 Indische Sternpflanze **(7)**
(Hygrophila difformis)
20 Indische Wasserfreunde **(8)**
(Hygrophila polysperma)
2 Bräunliche Wasserfreunde **(9)**
(Hygrophila polysperma, neue Form)
15 Sumpffreunde „Ambulien" **(10)**
(Limnophila sessiliflora)
20 Rundblättrige Rotala **(11)**
(Rotala rotundifolia)

Warum diese Pflanzen?

Auch hier gilt das gleiche wie bei den Fischen, was zusammenpaßt, wird verwendet. So kommt eine aus aller Welt zusammengewürfelte Pflanzengesellschaft zusammen und mancher Wasserkelch, der eigentlich einen Ehrenplatz erhalten sollte, bleibt hier nur im Hintergrund. Mit der großen Solitärpflanze in der Mitte macht das Becken einen guten Eindruck und genügend Schwimmraum bleibt übrig, da die anderen Pflanzen an den Scheiben entlang gepflanzt wurden.

Das Wasser

Temperaturbereich 24–26 °C, Härte bis 10° dGH, Leitungswasser mit AquaSafe aufbereiten, ToruMin zugeben, pH-Wert leicht sauer. Zu hartes Wasser muß entsalzt werden.

Die Beurteilung

Bodenpartien mit verschiedenem Niveau bereiten oft große Schwierigkeiten bei einer Dauerhaltung. Immer wieder rieselt der Sand nach unten oder werden tiefere Partien nicht ausreichend durchlüftet. Ein Untergrund aus durchströmter Watte hilft weiter. Auch die Pflanzenwelt braucht große Aufmerksamkeit, damit nicht einzelne Arten das ganze Becken überwuchern. Für Anfänger geeignet.

Die Technik siehe Seite 108.

A, B, D, G, H, K oder L, M, N, O, P, Q

Wildbarben und Zuchtformen

Heimat Südostasien

von oben

Die Einrichtung

Aquariummindestgröße bei Besatz mit Jungfischen 70 × 38 × 33 cm, Inhalt etwa 85 Liter. Besser ist ein 100-l-Becken. 5 Liter ungewaschener Kies, Körnung 2–3 mm, wird mit Tetra Initial D vermengt. Darüber kommen 10 Liter gewaschener Kies, der mit braunroten Stückchen von versteinertem Holz vermengt ist. 4 große Moorkienwurzeln, mehrere kleine Stückchen Moorkienwurzeln.

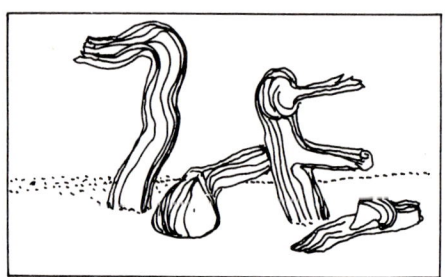
von vorne

Die Pflege

Alle zwei Wochen ⅓ Wasserwechsel. AquaSafe und PlantaMin zugeben. Angefressene und absterbende Blätter entfernen, abgefressene Rotala macranda ersetzen. Den Indischen Wasserstern regelmäßig auf die ursprüngliche Größe einkürzen.

Die Fische

3,3 Sumatrabarben **(A)**
(Barbus tetrazona)
2,2 Grüne Sumatrabarben **(B)**
(Barbus tetrazona) Zuchtform
2,2 Brokatbarben **(C)**
(Barbus semifasciolatus „schuberti") Zuchtform
2,2 Rubinbarben **(D)**
(Barbus spec.) Zuchtform
2,2 Schleierprachtbarben **(E)**
(Barbus conchonius) Zuchtform
1,1 Everetts Barben
(Barbus fasciatus)
Algenfresser aus Südamerika
1 Borstenmaul
(Ancistrus cirrhosus)

Warum diese Fische?
Barben sind sehr lebhafte Fische, die unbedingt im Schwarm gehalten werden müssen. Bei den Wildformen wurden bewußt längsgestreifte, quergestreifte und gepunktete Arten ausgewählt. Die Zuchtformen bestechen durch ihre Farbigkeit: Goldgelb die Brokatbarbe, rubinrot die Rubinbarbe – die Jungtiere auf der Aufnahme sind noch nicht ausgefärbt – und moosgrün leuchtend die Grüne Sumatrabarbe. Die Schleierprachtbarbe wirkt sowohl durch Farbigkeit als auch durch die schönen Schleierflossen. In dem Becken herrscht eine farbige Lebendigkeit, die jeden Besucher erfreut.

Das Futter

TetraMin, TetraRubin, TetraPhyll, Tetra-Menü, Tetra FD-Menü, TetraTips FD.

In dichtem Schwarm ziehen die Barben durch das Aquarium, immer auf der Suche nach etwas Freßbarem. Kommt man ins Zimmer, dann versammeln sie sich schon an der Futterstelle. Trotz der dichten Besetzung halten sich die einzelnen Arten oft in einem Extraschwarm zusammen, der im Becken auch einen bestimmten Platz bevorzugt.

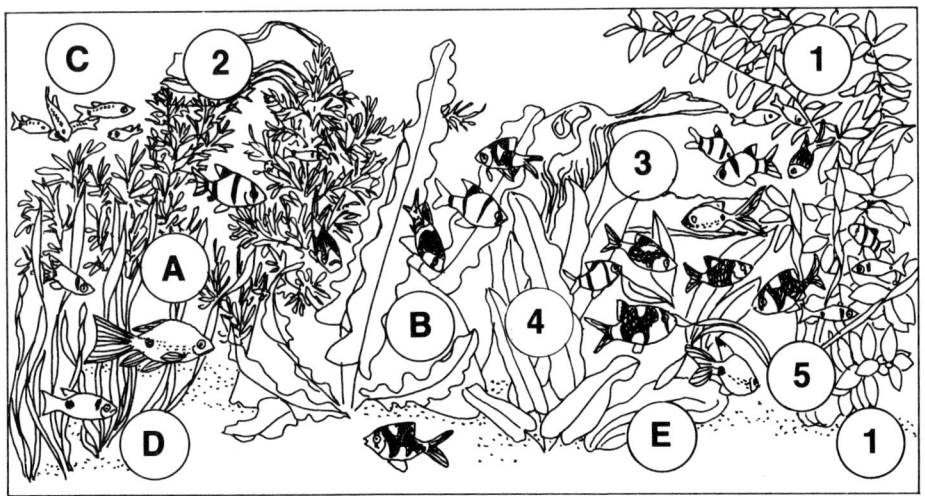

Die Pflanzen

20 Rotweideriche **(1)**
(Rotala macranda)
4 Indische Sternpflanzen **(2)**
(Hygrophila difformis)
5 Thwaites' Lagenandra **(3)**
(Lagenandra thwaitesii)
2 Langblättrige Barclayas **(4)**
(Barclaya longifolia)
15 Zwerg-Schraubenvallisnerien **(5)**
(Vallisneria americana)

Warum diese Pflanzen?

Der dichte Busch der Barclaya bildet mit der rötlichen Unterseite und der grünen Oberseite der Blätter den Mittelpunkt des Aquariums. Die Lagenandras wachsen im Mittelteil, ihre harten Blätter werden nicht gefressen. Die Indischen Sternpflanzen bilden in einer Ecke einen hellgrünen Dschungel, die Schraubenvallisnerien davor sind ein schöner Kontrast dazu. Die rote Rotala macranda behält leider im Aquarium selten die rote Farbe der Blattoberseiten, nur die Unterseiten bleiben gleichfarben, sie wird jedoch auch von den Barben gefressen und muß immer wieder erneuert werden. Ihre Schönheit berechtigt aber diesen Aufwand.

Das Wasser

Temperaturbereich 24–26 °C, Leitungswasser mit AquaSafe aufbereiten, ToruMin zugeben, pH-Wert leicht sauer bis neutral.

Die Beurteilung

Barben haben keine Freßhemmung, sie fressen, bis sie beinahe platzen und sind dann bald verfettet. Die Farben sind dann nicht mehr so prächtig und der Gesundheitszustand beeinträchtigt. Deshalb gezielt mehrmals am Tag wenig und grobstoffhaltig füttern.
Für Anfänger gut geeignet.

Die Technik siehe Seite 108.

A, B, D, G, H, K oder L, M, N, O, P, Q

Labyrinthfische und Cryptocorynen

Heimat Südostasien

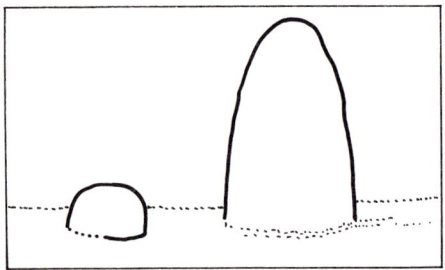
von vorne

Die Einrichtung

Aquariummindestgröße 70 × 38 × 33 cm, Inhalt etwa 85 Liter.
5 Liter ungewaschener, kalkfreier Kies, Körnung 2–3 mm, wird mit Tetra Initial D vermengt. Darüber kommt gewaschener bunter Kies. Körnung 3–5 mm, 2 große Brocken versteinertes Holz, der eine hell, der andere schwarz.

von oben

Die Pflege

Alle 4 Wochen etwa $1/5$ Wasser wechseln. Das neue Wasser mit AquaSafe versehen und sorgfältig der Temperatur des Beckens anpassen. PlantMin zugeben. Absterbende Blätter entfernen. Javamoos immer rechtzeitig auslichten, ebenso das flutende Teichlebermoos nicht zu reichlich werden lassen. Auf keinen Fall plötzlichen Wechsel der Wasserqualität und Temperatur und keinen Wechsel der Beleuchtungsfarbe, da Cryptocorynen dadurch völlig zusammenbrechen können.

Die Fische

1,1 Blaue Fadenfische **(A)**
(Trichogaster trichopterus)
1,1 Goldene Fadenfische **(B)**
(Trichogaster trichopterus) Zuchtform
1,1 Mondscheinfadenfische **(C)**
(Trichogaster microlepis)
2 Siamesische Rüsselbarben
(Epalzeorhynchus siamensis)

Warum diese Fische?
Die großen Fadenfische sind ruhige Bewohner des Aquariums. Sie zerstören keine Pflanzen und sind deshalb für die empfindlichen Cryptocorynen die richtige Gesellschaft. Die Farben Gelb und Blau und der zart perlmutterne Glanz der Mondscheinfadenfische passen hervorragend zum Dämmerlicht in diesem Becken. Die siamesischen Rüsselschmerlen sorgen dafür, daß nicht allzuviele Algen hochkommen.

Das Futter

TetraMin, TetraRubin, TetraMenü, Tetra FD-Menü, TabiMin.

Das Wasser

Temperaturbereich 24–27 °C, Härte bis 10° dGH, Leitungswasser mit AquaSafe aufbereiten, ToruMin zugeben, pH-Wert leicht sauer bis neutral. Zu hartes Wasser muß entsalzt werden.

Zwei typische Vertreter der südostasiatischen Fauna und Flora sind in diesem Aquarium vorherrschend. Einmal Labyrinthfische, die vom Atmungssystem und von der Brutpflege her hochinteressant sind und dann Cryptocorynen, die als Wasserpflanzen sich einer besonderen Beliebtheit erfreuen, obwohl sie sehr empfindlich sein können.

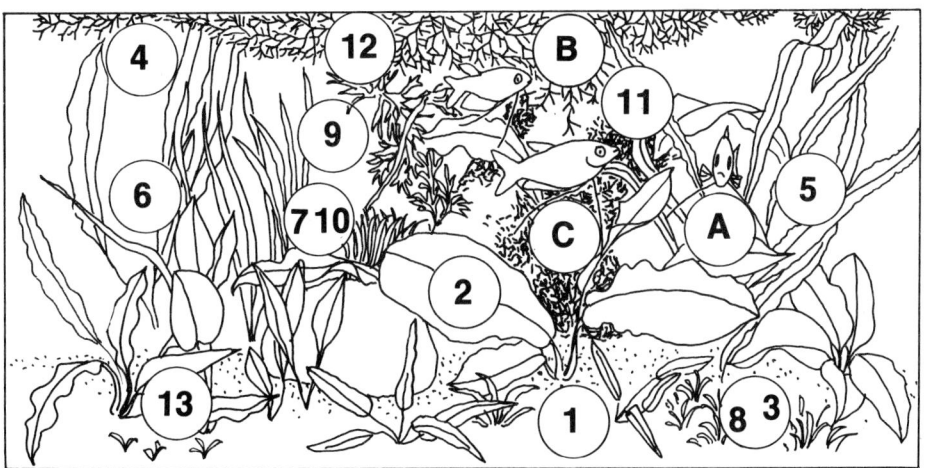

Die Pflanzen

10 Haertels Wasserkelche **(1)**
(Cryptocoryne affinis)
5 Blass'sche Wasserkelche **(2)**
(Cryptocoryne blassii)
3 Siamesische Wasserkelche **(3)**
(Cryptocoryne siamensis)
5 Wendts Wasserkelche **(4)**
(Cryptocoryne wendtii)
5 Genoppte Wasserkelche **(5)**
(Cryptocoryne balansae)
5 Grasblättrige Wasserkelche **(6)**
(Cryptocoryne retrospiralis)
5 Zungen-Wasserkelche **(7)**
(Cryptocoryne lingua)
20 Zwerg-Wasserkelche **(8)**
(Cryptocoryne willisii)
2 Indische Sternpflanzen **(9)**
(Hygrophila difformis)
1 großer Busch Javafarn **(10)**
(Microsorium pteropus)
Javamoos **(11)**
(Vesicularia dubyana)
Teichlebermoos **(12)**
(Riccia fluitans)
Cryptocoryne spec. **(13)**

Warum diese Pflanzen?
Dieses Aquarium ist besonders auf die Wasserkelche zugeschnitten. Die ausgewählten Arten vertreten einen Großteil der Wuchsformen und Farben, die bei Cryptocorynen vorkommen können. Vom hellen Grün bis zum dunklen Rot und von der Zwergpflanze bis zum stattlichen Exemplar mit großen ovalen Blättern oder mit langen, riemenförmigen Blattformen. Glatte Blattoberflächen wechseln ab mit gehämmerten oder gewellten Formen. Die Indischen Sternpflanzen sind nur als Farb- und Formgegensatz, als Unterbrechung, im Aquarium da. Javafarn und das Javamoos bewachsen die Felsen und das Teichlebermoos dämpft zu grelles Licht im Becken.

Die Beurteilung
Ein Aquarium, das von vornherein groß sein sollte, damit die Cryptocorynen möglichst viel Platz zur Entfaltung ihrer dekorativen Blätter haben. Trotzdem kann man dem Becken einen Dschungelcharakter lassen, denn die Fadenfische sind bedächtige Schwimmer, die sich im Dämmerlicht wohlfühlen.

Die Technik siehe Seite 108.
A, B, D, G, H, K oder L, M, O, P, Q

Paradiesfische und andere Labyrinther

Heimat Südostasien

von vorne

Die Einrichtung

Aquariummindestgröße 70 × 38 × 33 cm, Inhalt etwa 85 Liter.
5 Liter ungewaschener Kies, Körnung 2–3 mm, wird mit Tetra Initial D vermengt. Darüber kommen 10 Liter gewaschener Kies, Körnung 5 mm und gröber. 3 kleine, stark verzweigte Moorkienwurzeln geben dunkelbraune Kontraste gegen die grünen Pflanzen.

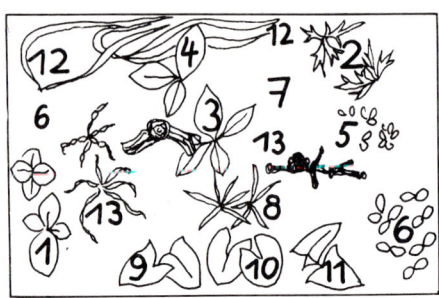

von oben

Die Pflege

Die raschwüchsigen Randpflanzen kann man ruhig wuchern lassen, denn einige der Fische sind recht streitbar und die Unterlegenen müssen sich verstecken können. In der Beckenmitte sollte man dagegen stets einen größeren freien Schwimmraum offenhalten. Zu hoch geschossene Pflanzen werden eingekürzt und wieder eingepflanzt. Alle drei Wochen ⅓ Wasser wechseln. AquaSafe und Crypto-Dünger zugeben.

Die Fische

1,1 Paradiesfische **(A)**
(Macropodus opercularis)
2,1 Schwarze Paradiesfische **(B)**
(Macropodus concolor)
1,1 Schaufelfadenfische **(C)**
(Trichogaster pectoralis)
1 Feuerschwanz
(Labeo bicolor)
3 Dornaugen
(Acanthophthalmus kuhlii)
Algenfresser aus Südamerika
1 Borstenmaul
(Ancistrus cirrhosus)
2 Saugwelse
(Otocinclus affinis)

Warum diese Fische?
Paradiesfische sind so schöne Tiere, daß es sich lohnt, für sie allein ein Becken einzurichten. Sie dulden aber selten mehrere Tiere, vor allem Männchen ihrer Art, deshalb sind die anderen Labyrinther und der Feuerschwanz, der sich seiner Haut leicht wehren kann, als Beifische im Becken. Die Dornaugen beleben den Boden. Wie immer sorgen Algenfresser für saubere Scheiben und Pflanzen.

Das Futter

TetraMin, TetraRubin, Tetra FD-Menü, TetraTips FD, TabiMin.

SÜDOSTASIEN

Ganz den Bedürfnissen der Paradiesfische ist dieses Aquarium angepaßt. An der Oberfläche strecken sich die langen Blätter der Sumpfschrauben, ein idealer Platz zum Anlegen ihres Schaumnestes. Pflanzenbüsche bieten Versteckmöglichkeiten für verfolgte Fische, denn mit manchen Labyrinthfischen ist nicht zu spaßen. Freie Schwimmräume für die begeisternden Balzspiele entstehen zwischen den Pflanzendickichten.

Die Pflanzen

10 Große Fettblätter **(1)**
(Bacopa caroliniana)
2 Indische Sternpflanzen **(2)**
(Hygrophila difformis)
1 Schmalblättriger
Riesen-Wasserfreund **(3)**
(Hygrophila stricta)
3 Riesen-Wasserfreunde **(4)**
(Hygrophila corymbosa)
20 Rundblättrige Lindernien **(5)**
(Lindernia microcalyx)
20 Rundblättrige Rotala **(6)**
(Rotala rotundifolia)
20 Feinblättrige Rotala **(7)**
(Rotala wallichii)
10 Quirlblättrige Lindernien **(8)**
(Lindernia spec.)
1 Roter Tigerlotus **(9)**
(Nymphaea lotus)
1 Grüner Tigerlotus **(10)**
(Nymphaea lotus)
2 Sternseerosen **(11)**
(Nymphaea stellata)
6 Riesen-Sumpfschrauben **(12)**
(Vallisneria gigantea)
20 Schraubenvallisnerien **(13)**
(Vallisneria asiatica var. biwaensis)

Warum diese Pflanzen?

Die Pflanzen stammen zwar von verschiedenen Kontinenten, der Reiz der Zusammenstellung liegt aber in den vielen verschiedenen Blattformen. Hier ist besonders interessant, von nahe verwandten Arten mehrere Exemplare im Becken zu haben und ihr Gedeihen zu beobachten. Die schnellwachsenden Pflanzenbüschel geben gute Verstecke für verfolgte Fische ab. Die langen Blätter der Riesen-Sumpfschraube liefern gute Brutplätze für die Labyrinther.

Das Wasser

Temperaturbereich 24–28 °C, Leitungswasser mit AquaSafe aufbereiten, pH-Wert neutral. Keine besonderen Ansprüche an die Wasserhärte.

Die Beurteilung

Die Makropoden brauchen Platz für ihre herrlichen Balzspiele. Für Anfänger.

Die Technik siehe Seite 108.

A, B, D, G, H, K oder L, M, N, O, P, Q

Fische aus Südostasien

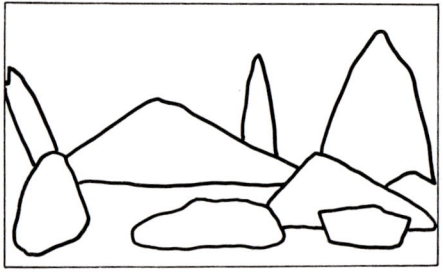
von vorne

Die Einrichtung

Aquariummindestgröße bei Besatz mit Jungfischen 70×38×33 cm, Inhalt etwa 85 Liter. Besser ist ein größeres Becken. 5 Liter ungewaschener, kalkfreier Kies wird mit einem Paket Tetra Initial D gemischt. 10 Liter gewaschener Kies, Körnung 2–3 mm, kommen darüber. 10 etwa handgroße Glimmerschieferplatten werden hohl gelegt oder so gestellt, daß in der Nähe des Bodens freie Einstände bleiben. Durch reihenförmige Bepflanzung entstehen oben verschiedene, getrennte freie Schwimmräume.

von oben

Die Pflege

Alle drei Wochen 1/3 Wasserwechsel mit AquaSafe, danach PlantaMin zugeben. Regelmäßiges Auslichten und Einkürzen von Rotala und Indischer Sternpflanze. Absammeln von absterbenden Blättern.

Die Fische

4,4 Sumatrabarben **(A)**
(Barbus tetrazona)
2,2 Bitterlingsbarben
(Barbus titteya)
4,2 Zebrabärblinge **(B)**
(Brachydanio rerio)
3,3 Schillerbärblinge **(C)**
(Brachydanio albolineatus)
2,2 Malabarbärblinge **(D)**
(Danio malabaricus)
1 Malaiischer Nanderbarsch
(Pristolepis fasciata)
4 Halbbinden-Dornaugen
(Acanthophthalmus semicinctus)
Südamerikanische Fische als Algenfresser
1 Borstenmaul
(Ancistrus cirrhosus)
2 Saugwelse
(Otocinclus affinis)

Warum diese Fische?
Bewußt wurden die Fische vom gleichen Kontinent gewählt. Die Fische sollen alle Wasserregionen beleben. Die Sumatrabarbe schwimmt z. B. in allen Zonen. Die Bitterlingsbarbe steht gerne in größerem Schwarm in den unteren Bereichen. Malabar-, Zebra- und Schillerbärblinge spielen meist nahe der Oberfläche. Der Nanderbarsch ist ein ruhiger Bewohner bodennaher Regionen und die Dornaugen leben auf dem Boden. Das Borstenmaul frißt Algen von Steinen und Scheiben, die Saugwelse halten die Blätter algenfrei. Ein zusätzliches Auswahlkriterium war die Färbung der Fische, längsgestreifte und quergestreifte, bläuliche und gelbliche Fische in verschiedenen Gestalten und mit verschiedenem Temperament geben dem Becken seine Eigenart.

Das Futter

TetraMin, TetraRubin, TetraPhyll, TetraMenü, Tetra FD-Menü, TetraTips FD.

SÜDOSTASIEN

Das klare Wasser eines trägen Flusses zieht an seinen Ufern durch raschwüchsige Pflanzen. Barben und Bärblinge spielen in dem seichten Wasser. In den tieferen Regionen leben Nanderbarsche und Dornaugen.

Die Pflanzen

3 Thailändische Hakenlilien **(1)**
(Crinum thaianum)
20 Rotweideriche **(2)**
(Rotala macranda)
20 Feinblättrige Rotala **(3)**
(Rotala wallichii)
20 Rundblättrige Rotala
(Rotala rotundifolia)
6 Riesenwasserfreunde **(4)**
(Hygrophila corymbosa)
3 Indische Sternpflanzen **(5)**
(Hygrophila difformis)

Warum diese Pflanzen?
Die Hakenlilien mit ihren langen, riemenförmigen Blättern stehen gegen die raschwüchsige Rotala und Indischen Sternpflanzen. Der Riesenwasserfreund bildet den Gegensatz zu den Rotala macranda: Hellgrün und großblättrig gegen rot und kleinblättrig. Rotala wallichii und Rotala macranda werden von den Barben gefressen, bei guter Düngung ergänzen die Pflanzen aber den Verlust.

Das Wasser

Temperaturbereich 24–26 °C, Leitungswasser mit AquaSafe aufbereitet. Keine besonderen Ansprüche an die Wasserhärte.

Die Beurteilung

Die Fische in dieser Kombination sind weitgehend problemlos zu halten. Mehrere, aber geringe Futtergaben am Tag sind vorzuziehen. Von den Pflanzen erfordern Rotala und Riesenwasserfreund besondere Aufmerksamkeit. Verblaßte Rotala müssen ausgewechselt werden und der Riesenwasserfreund muß immer wieder eingekürzt und neu gesteckt werden. Für Anfänger gut geeignet.

Die Technik siehe Seite 108.
A, B, D, G, I, K oder L, N, O, P, Q

Cichliden aus dem Malawisee

Heimat Afrika

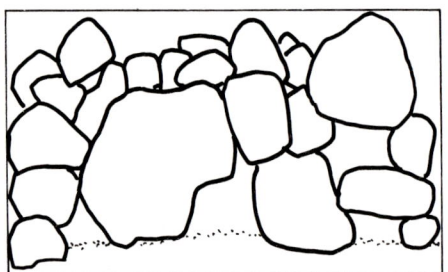

von vorne

Die Einrichtung

Aquariummindestgröße 100 × 40 × 50 cm, Inhalt etwa 200 Liter. 10 Liter Lavagrus von ganz fein bis etwa 1 cm Durchmesser. 6 große Lavabrocken mit stark gegliederter Oberfläche, wenn möglich mit Höhlen und Löchern. 20 kleinere Lavabrocken verschiedener Farbtönung, die so aufgebaut werden, daß wiederum Klüfte, Schluchten und Höhlen entstehen. Man achte darauf, daß die Höhlen möglichst nicht miteinander in Verbindung stehen. Wegen der Wühltätigkeit der Cichliden ist es besser, die Felsbrocken miteinander mit Silikonkleber zu verkleben.

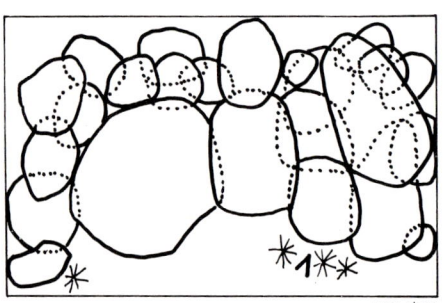

von oben

Die Fische

1,1 Schabenmundbarsche **(A)**
(Labeotropheus trewavasae)
3,2 Rote Zebra **(B)**
(Pseudotropheus spec. aff. zebra)
1,1 Pseudotropheus lombardoi **(C)**

Warum diese Fische?
Der sogenannte Rote Zebra ist ein Maulbrüter, bei dem die Männchen blau in stimmungsabhängigen Farbstufungen und die Weibchen orangegelb sind. Solange genügend Versteckmöglichkeiten bestehen, kann man einen großen Schwarm davon halten. Das dominierende Männchen jagt zwar die anderen, doch diese können schnell in den Verstecken verschwinden. Durch die Aufteilung in Bezirke mit freien Schwimmräumen können sich mehrere Männchen eine dominierende Stellung aufbauen. Die Schabenmundbuntbarsche, bei denen ebenfalls Geschlechtsdimorphismus besteht, werden in dieser Gruppe wegen ihrer anderen Form nicht als Feinde betrachtet. Ebenfalls bildet der Pseudotropheus liliancinius, der senkrecht gestreift ist, kein Feindbild. Alle Fische können auf dem relativ engen Raum gut zusammenleben und unterdrücken sich gegenseitig nicht allzusehr.
Normalerweise sieht man von vorn meist nur zwei Paar Rote Zebras, die Schabemundbarsche und Pseudotropheus liliancinius. Die anderen Männchen leben mehr im Hintergrund. Nur bei der Fütterung schwimmen alle Fische durcheinander, ohne sich anzugreifen.

Das Futter

Tetra FD-Menü, TetraTips FD, TetraCichlid Flocken, TetraPhyll, TetraCichlid Sticks, Tetra DiskusFutter.

AFRIKA

Felsküste mit zahlreichen Verstecken. Hier kann man besonders die interessanten Verhaltensweisen der sogenannten „Mbuna"-Cichliden beobachten. Oft erscheint das Becken fast leer, da die Fische ihre Einstände bezogen haben. Nur bei der Fütterung ist lebhaftes Gewimmel ohne Revierkämpfe.

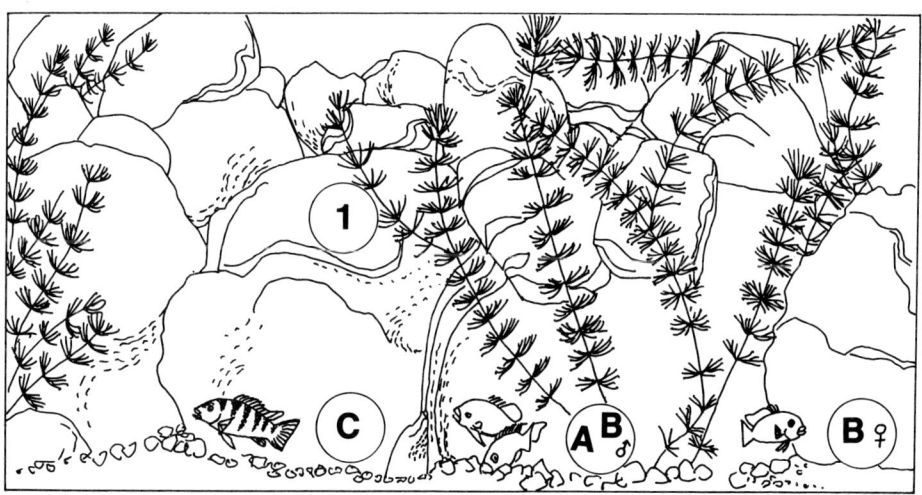

Die Pflege

Die Pflanzenbüschel werden bei starkem Wachstum immer wieder ausgelichtet, viel häufiger wird man sie ersetzen müssen, da die Fische sie abgenagt haben. Alle 3 Wochen 1/3 Wasser wechseln. AquaSafe zugeben.

Die Pflanzen

20 Stengel Gemeines Hornblatt **(1)** (Ceratophyllum demersum)

Warum diese Pflanzen?
Die Mehrzahl der Buntbarsche aus dem Malawisee frißt mit Vorliebe Aufwuchs und Pflanzen. Wertvolle, langsamwachsende Pflanzen sind deshalb bald zernagt und unansehnlich. Das Gemeine Hornblatt wächst sehr rasch, nimmt sehr viele Abbaustoffe auf und bildet ein gutes Zusatzfutter, das nicht allzuschnell aufgefressen wird. Zusätzlich kann man auch Nixkraut (Najas spec.) im Wasser schwimmen lassen.

Das Wasser

Temperaturbereich 24–28 °C, Leitungswasser mit AquaSafe aufbereiten, pH-Wert neutral bis leicht alkalisch, es kann sehr hart sein.

Die Beurteilung

Nur junge Tiere kann man gemeinsam eingewöhnen. Später kann man keine Tiere mehr einsetzen, sie werden erbittert angegriffen und zerfetzt. Je größer das Aquarium, desto besser der Erfolg. Die Hohlräume in den Felsen dürfen innen keine Verbindung haben. Pro Versteck sind mindestens zwei Ausgänge nötig. Für Anfänger geeignet.

Die Technik siehe Seite 108.
A, C, G, I, K oder L, O, P, Q

Eine farbenprächtige Gesellschaft von „Mbuna"-Cichliden

Heimat Malawisee

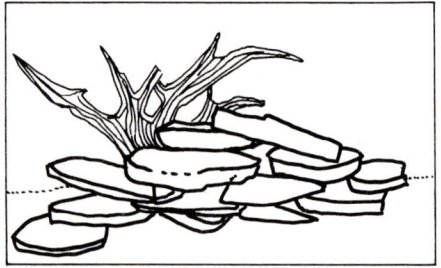
von vorne

Die Einrichtung

Schaubecken aus der Wilhelma, Stuttgart, 1200 Liter Inhalt, Frontscheibe 98 × 73 cm. Halbkreisförmige Rückwand aus Beton. In der Aquarianerpraxis sind Ganzglasbecken geeigneter. Kies mit einer Körnung von 2–3 mm, 25 große Buntsandsteinplatten, die so zusammengeklebt sind, daß sehr viele, nicht miteinander verbundene Spalten und Höhlen entstehen. Diese Steinburg ist in der Mitte des Beckens aufgebaut, der freie Schwimmraum ist vor allem vorne, an den Seiten und oben.

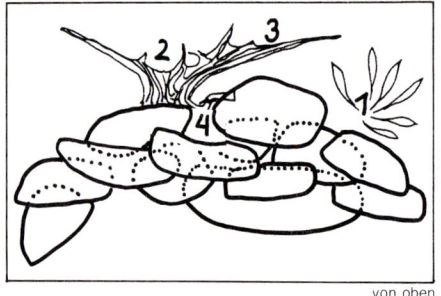
von oben

Die Fische

4,4 Mozambique-Blaubarsche **(A)**
(Pseudotropheus socolofi)
2,2 Zebra-Blaubarsche mit orangeroter Rückenflosse **(B)**
(Pseudotropheus zebra)
4,4 Zebra-Blaubarsche „Bright blue" **(C)**
(Pseudotropheus spec. affin. zebra)
4,4 Rote Zebras **(D)**
(Pseudotropheus spec. affin. zebra)
2,2 Melanochromis johannii **(E)**
4,4 Gestreckte Schabemund-Buntbarsche **(F)**
(Labeotropheus trewavasae)
6 Beulenkopfmaulbrüter **(G)**
(Haplochromis moorii)

Warum diese Fische?

In einem derartigen Schaubecken müssen möglichst viele verschiedene Fischarten aus dem Malawisee gezeigt werden. Die in diesem Becken gehaltenen sind alle etwa gleich groß und gleich stark. Sie haben sich so gut miteinander arrangiert, daß nur noch Drohungen, aber keine Kämpfe mehr auftreten. Häufig laichen Paare ab und da sie Maulbrüter sind, werden die Jungen auch groß.

Die Pflege

Wöchentlich werden mehr als 1/3 des Wassers gewechselt. Mulm und Kot werden sorgfältig abgesaugt.

AFRIKA

Ein bunter Schwarm von Fischen, stets ist es interessant. Drohend spreizt ein Männchen die Flossen, der Schwächere flieht in eine Spalte im Gestein. Man glaubt fast, daß sich in dieser Überfülle kein natürliches Leben abspielt, daß eine solche Haltung vielleicht sogar unsachgemäß sei. Doch es ist nicht so. Wenn man Naturdokumente aus der Fischwelt des Malawisees sieht, erkennt man, daß dort an manchen Plätzen die Fischpopulation ebenso dicht ist.

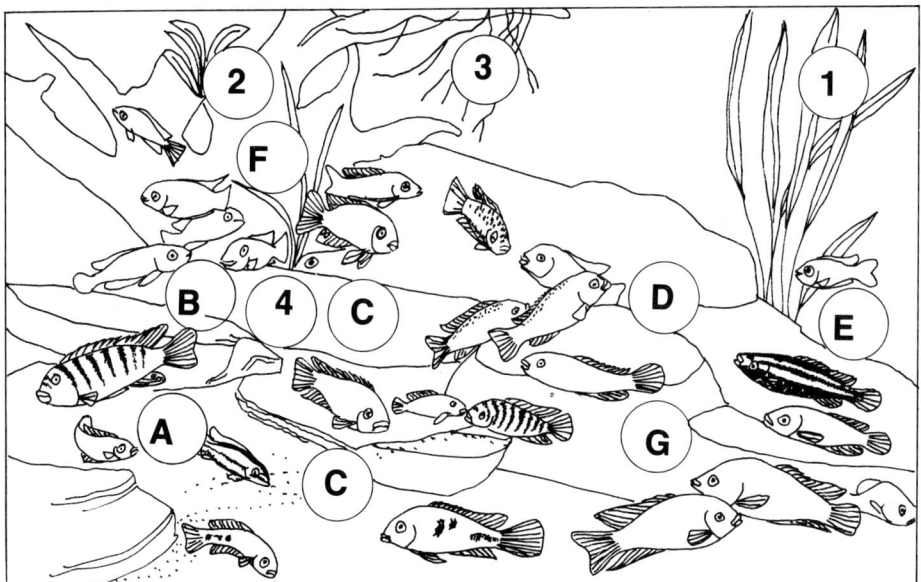

Das Futter

TetraPhyll, Tetra FD-Menü, TetraTips FD, TetraCichlid Flocken, TetraCichlid Sticks, Tetra DiskusFutter.

Das Wasser

Temperaturbereich 24–26 °C, Leitungswasser mit AquaSafe aufbereiten, pH-Wert neutral bis leicht alkalisch, es kann hart sein.

Die Pflanzen

5 Genoppte Wasserkelche **(1)**
(Cryptocoryne balansae)
5 Javafarne **(2)**
(Microsorium pteropus)
Einhängende Wurzeln eines
Philodendrons **(3)**
5 Riesen-Sumpfschrauben **(4)**
(Vallisneria gigantea)

Warum diese Pflanzen?

Von allen eingesetzten Pflanzen hat sich Balansas Wasserkelch als einziger gehalten. Die anderen Pflanzenarten müssen oft ersetzt werden. Der über dem Becken wachsende blattreiche Philodendron entnimmt dem Wasser mit seinem einhängenden Wurzelwerk viele Abbaustoffe.

Die Beurteilung

Dieses Becken steht jetzt schon mehr als 15 Jahre. Jungfische kommen hoch und der große Schwarm verschiedener Fische ist sehr dekorativ. Beobachtungen zum Verhalten der einzelnen Fischarten kann man aber kaum machen, da die Störungen durch Fremdfische zu häufig sind. Aquarium nur für Experten.

Die Technik siehe Seite 108.
A, C, G, I, K oder L, O, P, Q

Buntbarsche aus dem Tanganjikasee

von vorne

3,3 Schachbrett-Schlankcichliden
(Julidochromis marlieri)
1,1 Gabelschwänze
(Lamprologus brichardi)
1,2 Brabantbuntbarsche **(B)**
(Tropheus moorii) Farbvariante
Algenvertilger aus Südamerika
1 Borstenmaul
(Ancistrus cirrhosus)
2 Saugwelse
(Otocinclus affinis)

Die Einrichtung

Aquariummindestgröße 70 × 38 × 33 cm, Inhalt etwa 85 Liter.
5 Liter ungewaschener Kies, Körnung 2–3 mm, wird mit Tetra Initial D vermengt. Darüber kommen 10 Liter gewaschener Kies derselben Größe. Aufbauten aus Urgestein. 30 flache Platten werden so verbaut, daß eine Felsenburg entsteht, die zahlreiche Spalten und Schlupfwinkel hat. Die Steine verbindet man miteinander mit Silikonkleber.

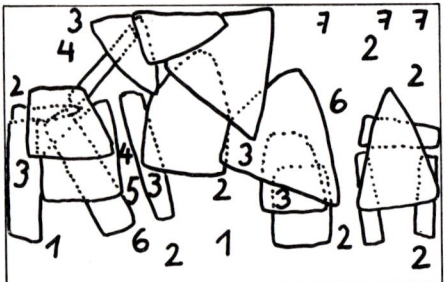

von oben

Die Pflege

Alle 2 Wochen ⅓ Wasserwechsel. Aqua-Safe und PlantaMin zugeben. Die raschwachsenden Pflanzen regelmäßig auslichten und einkürzen, damit die ausgeglichene Einrichtung nicht zu schnell durch Wildwuchs verdorben wird. Absterbende und von Schnecken angefressene Blätter absammeln.

Die Fische

3,3 Gelbe Schlankcichliden **(A)** (Julidochromis ornatus).

Warum diese Fische?

Von den Schlankcichliden sollte man deutlich verschieden gezeichnete Arten zusammenhalten. Der längsgestreifte Gelbe Schlankcichlide paßt sehr gut zum Schachbrett-Schlankcichliden. Das Gabelschwanzpaar ist wegen der zarten Färbung und der schönen Beflossung empfehlenswert, und der Brabantbuntbarsch ist schließlich optischer Mittelpunkt, da er sich vorwiegend im freien Wasser aufhält. Seine kräftigen Farben beleben das Bild. Alle anderen sind mehr oder weniger Höhlenbewohner, die sich einen großen Teil des Tages innerhalb der Steinburg aufhalten. Diese ist in vier getrennten Teilen aufgebaut, damit Streitigkeiten verhindert werden. Außerdem schirmen die Pflanzen die Sicht noch weiter ab. Am sichersten bringt man die ganze Fischbesatzung gleichzeitig ins Becken ein, wenn die Pflanzen schon angewachsen sind und läßt sie ihre Verstecke finden. Sonst fühlt sich der erste als Gesamtrevierbesitzer und jeder neue Fisch, auch wenn er größer und stärker ist, wird heftig angegriffen und oft genug auch verletzt.
Wenn das Aquarium voll funktioniert, dann darf kein Stein mehr geändert werden, sonst brechen neue Revierkämpfe aus und können sogar Todesfolgen haben.

Das Futter

TetraPhyll, Tetra FD-Menü, TetraTips FD, TetraCichlid Flocken, TetraCichlid Sticks, Tetra DiskusFutter.

AFRIKA

Die Phantasie gestaltet mit Pflanzen, mit Felsen und mit farblich zueinander passenden Fischen eine Aquarienlandschaft, wie sie in Wirklichkeit nicht vorkommt. Eine so dichte Pflanzen- und Tiergesellschaft gibt es nur in ganz seltenen Ausnahmefällen. Trotzdem ist diese Komposition gerechtfertigt, es ist ein idealisiertes, komprimiertes Kunstbiotop.

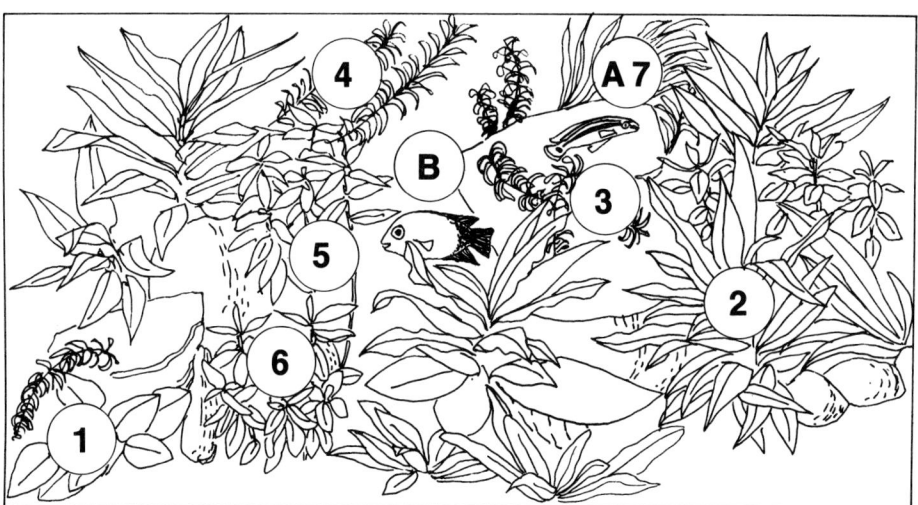

Die Pflanzen

2 Zwergspeerblätter **(1)**
(Anubias nana)
15 Schmalblättrige
Riesenwasserfreunde **(2)**
(Hygrophila stricta)
30 Afrikanische Wasserpest **(3)**
(Lagarosiphon major)
10 Großblättrige Wasserpest **(4)**
(Egeria densa)
20 Afrikanische Weideriche **(5)**
(Nesaea crassicaulis)
20 Kleine afrikanische Kognakpflanzen **(6)**
(Ammannia senegalensis)
5 Kongo-Wasserfarne **(7)**
(Bolbitis heudelotii)

Warum diese Pflanzen?
Die Bepflanzung entspricht nicht dem Heimatgewässer der gehaltenen Buntbarsche, doch in dem engen Aquarium kann man die Tiere nicht ohne Sichtschutz lassen. Deshalb wurde aus afrikanischen Pflanzen ein Becken eingerichtet, das eine erfolgreiche Haltung der Tanganjikacichliden ermöglicht und ein sehr schönes farbiges Bild abgibt. Die einzige aus einem fremden Kontinent stammende Pflanze ist die Großblättrige Wasserpest, die im Hintergrund die im warmen Wasser etwas empfindliche afrikanische Wasserpest ersetzt. Als sehr rasch wachsende Pflanze nimmt sie sehr viele Abbaustoffe der Fische auf.

Das Wasser
Temperaturbereich 22–26 °C, Leitungswasser mit AquaSafe aufbereiten, pH-Wert neutral bis leicht alkalisch. Hartes Wasser ist vorzuziehen.

Das Futter
TetraMin, TetraRubin, TetraPhyll, TetraMarin, Tetra FD Menü, TetraTips FD, Tetra Delica Rote Mückenlarven.

Die Beurteilung
Die langsam wachsende Anubias wird sich immer mehr durchsetzen. Die anderen Pflanzen werden gerne gefressen und müssen immer wieder ersetzt werden. Der Brabantbuntbarsch terrorisiert seine Artgenossen, deshalb sind Schlupfwinkel dringend erforderlich. Für Pflanzenfreunde.

Die Technik siehe Seite 108.
A, B, D, G, I, K oder L, N, O, P, Q

Westafrikanische Uferlandschaft

Die Einrichtung

Aquariummindestgröße 100 × 40 × 50 cm, Inhalt etwa 200 Liter.
5 Liter ungewaschener Kies, darüber 10 Liter gewaschener Kies, Körnung von 2–5 mm, 9 flache Steine aus kalkfreiem, quarzhaltigem Gestein werden so geschichtet, daß die entstehenden Höhlen untereinander nicht verbunden sind. Die Buntbarsche wühlen, deshalb Steine mit Silikonkleber zusammenkleben.

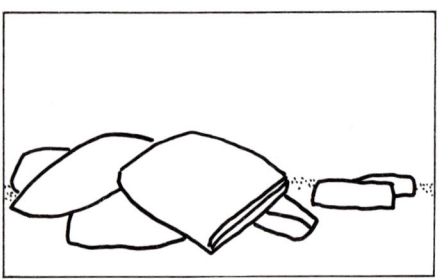

von vorne

Die Pflege

Alle drei Wochen ⅓ Wasserwechsel, AquaSafe und PlantaMin zugeben. Nixkraut häufig auslichten, damit es den freien Schwimmraum nicht beengt. Absterbende Blätter entfernen.

von oben

Die Fische

4,3 Kongosalmler **(A)**
(Micralestes interruptus)
8 Angola-Barben **(B)**
(Barbus bariliides)
1,1 Purpurprachtbarsche
Form B (Camerunensis)
(Pelvicachromis pulcher)
1,1 Blaue Kongocichliden **(C)**
(Nannochromis nudiceps)
2,1 Epiplatys fasciolatus **(D)**
1,1 Schmetterlingsfische
(Pantodon buchholzi)
1,1 Thomas Prachtbarsche **(E)**
(Pelmatochromis thomasi)
Algenfresser aus Südamerika
1 Borstenmaul
(Ancistrus cirrhosus)
2 Saugwelse
(Otocinclus affinis)

Warum diese Fische?
Hechtlinge und Schmetterlingsfische als Oberflächenfische, Kongosalmler und Angolabarben als Bewohner der mittleren Wasserschichten und Barsche als Bewohner der Höhlen und der Bodennähe füllen das Aquarium in allen Schichten mit einer Gesellschaft, die man in ähnlicher Zusammensetzung tatsächlich finden kann. Farblich passen die Purpurprachtbarsche mit ihren roten und gelben Körperfarben ausgezeichnet zu den Blauen Kongocichliden und den Schillerfarben der Kongosalmler.

Das Futter

TetraMin, TetraRubin, Tetra FD-Menü, TetraTips FD, TetraCichlid Flocken, TetraCichlid Sticks, Tetra DiskusFutter.

Das Wasser

Temperaturbereich 24–26 °C, Härte bis 10° dGH, Leitungswasser mit AquaSafe aufbereiten, ToruMin zugeben, pH-Wert leicht sauer bis neutral. Hartes Wasser muß entsalzt werden.

AFRIKA

Am Ufer eines westafrikanischen Flusses. Sumpfpflanzen wachsen gemischt mit reinen Wasserpflanzen. In den Spalten der flachen Steine haben Buntbarsche ihre Verstecke, Schwärme von kleinen Barben und Salmlern kommen und suchen nach Nahrung.

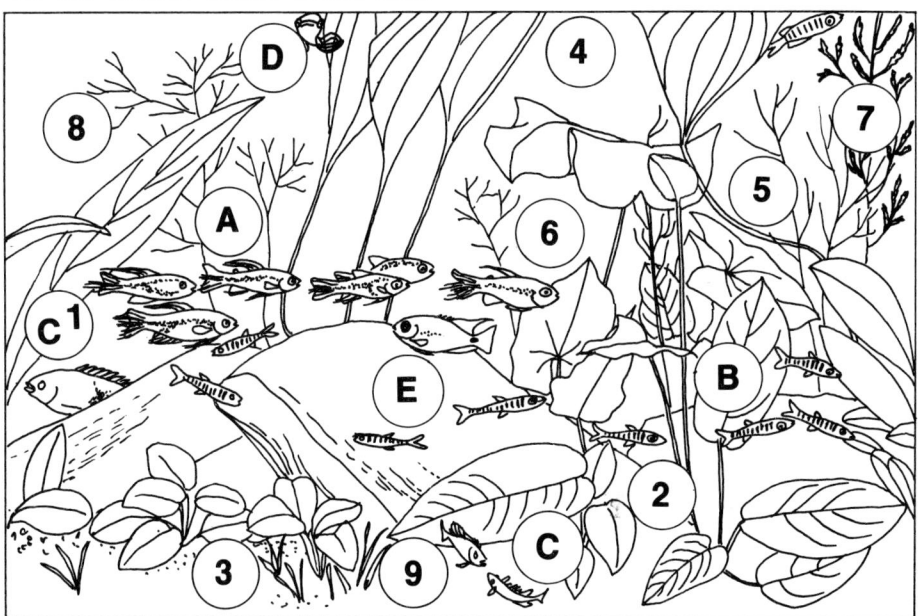

Die Pflanzen

4 Westafrikanische Speerblätter **(1)**
(Anubias lanceolata)
2 Barters Speerblätter **(2)**
(Anubias barteri)
10 Zwergspeerblätter **(3)**
(Anubias nana)
3 Froschlöffelähnliche Ottelien **(4)**
(Ottelia alismoides)
1 Roter Tigerlotus **(5)**
(Nymphaea lotus)
1 Grüner Tigerlotus **(6)**
(Nymphaea lotus)
5 Kongo-Wasserfarne **(7)**
(Bolbitis heudelotii)
50 Nixkräuter **(8)**
(Najas spec.)
20 Afrikanische Sumpfschrauben **(9)**
(Vallisneria spec.)

Warum diese Pflanzen?
An den Ufern westafrikanischer Bäche und Flüsse findet man häufig verschiedene Arten des Speerblatts emers wachsen. Regelmäßig in der Regenzeit werden die Pflanzen überschwemmt, wachsen aber weiter. Deshalb kann man sie auch im Aquarium recht gut kultivieren. Ihre harten Blätter widerstehen jedem pflanzenfressenden Fisch. Ein Blatt kann bis 2 Jahre alt werden. Die Ottelie ist eine große, einjährige Pflanze, die in schneller Folge große, tütenförmige Blätter an die Oberfläche sendet. Das Nixkraut wuchert und sorgt für die biologische Reinigung des Wassers. Die Speerblätter bilden hierbei die Gliederung des Aquarienaufbaus, während sich die Bestände des Nixkrauts beständig in der Form verändern.

Die Beurteilung

Kongosalmler schwimmen gerne große Strecken. Deshalb sollte das Becken für einen Schwarm erwachsener Fische mehr als 1 m lang sein. Entsprechend den Bedingungen ihrer Heimat kann man mit dem Filterausströmer im freien Schwimmraum eine deutlich starke Strömung erzeugen. Für erfahrene Aquarianer.

Die Technik siehe Seite 108.
A, B, G, H, K oder L, M, O, P, Q

Zuchtbecken für Killifische

Heimat Afrika

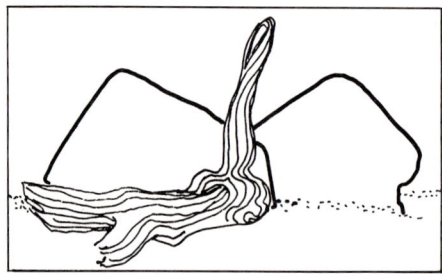

von vorne

Die Einrichtung

Aquariummindestgröße 44 × 28 × 30 cm, Inhalt etwa 35 Liter.
5 Liter Kies, 2 mm Körnung. 3 Platten Buntsandstein, eine Handvoll Torffasern, eine verzweigte Moorkienwurzel.

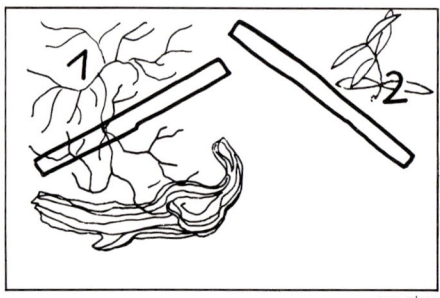

von oben

Die Pflege

Alle 14 Tage wird bei Haftlaichern das Javamoos, bei Bodenlaichern die Torffaser (beide enthalten die Eier!) entfernt und in ein Aufzuchtbecken übertragen, wo die Eier entsprechend den Anforderungen der jeweiligen Art entweder eine Trockenperiode durchmachen müssen, oder gleich ins Wasser kommen und sich entwickeln. Die Hälfte des Wassers wird durch entsalztes Wasser ersetzt. AquaSafe zugeben.

Die Fische

1,2 Killifische einer Art **(A)**
Im Bild eine selbstgefangene Aphyosemionart aus Kamerun, zweite Nachzuchtgeneration.

Warum diese Fische?

Killifische sind Saisonfische, die ein kurzes, aber sehr intensives Leben haben. Wegen der herrlichen Farben der Männchen haben sie sich viele Freunde geschaffen. Große Freude macht die Zucht und die Beobachtung der lebhaften Paarungsspiele. Manche Arten fressen ihre Eier und Jungtiere nicht, deshalb ist eine Haltung in der beschriebenen Weise sogar von vielen Fischen gleicher Art möglich. Die Weibchen sollten allerdings stets in der Überzahl sein. Die Männchen bekämpfen sich zwar, doch das dichte Javamoos und die Moorkienwurzel sind ein guter Sichtschutz, die Sandsteinplatten sind so im Zickzack aufgebaut, daß jeweils ein großer freier Schwimmraum entsteht, in dem die Fische von anderen nicht gesehen werden.

Das Futter

TetraMin, TetraRubin, Tetra FD-Menü, Tetra MikroMin, TetraOvin. Die abgebildete Art gedeiht und züchtet erfolgreich mit TetraRubin und TetraMin.

AFRIKA

Viele Aquarianer fliegen heute in die Heimatländer ihrer Aquarienfische und fangen Fische oder sammeln Wasserpflanzen. Oft genug finden sie eine neue Unterart oder gar eine Art, die noch nicht beschrieben ist. Es macht Spaß, diese Fische daheim weiterzuzüchten und dabei noch ein schönes Aquarium zu haben.

Die Pflanzen

Eine Handvoll Javamoos **(1)**
(Versicularia dubyana)
3 Nixkräuter **(2)**
(Najas spec.)

Warum diese Pflanzen?

Es hat sich ergeben, daß das Javamoos ein sehr gutes Laichsubstrat für Haftlaicher ist. Es ist der Wassertemperatur und der Lichtmenge gegenüber sehr anspruchslos und kann auch leicht von einem Aquarium ins andere verpflanzt werden. Eigenartigerweise wächst es aber bei „scheinbar gleichen Bedingungen" bei dem einen Aquarianer gut und beim anderen gar nicht. Es kann deshalb als Laichsubstrat auch durch Nixkraut (Najas spec.) oder durch Gemeines Hornkraut (Ceratophyllum demersum) ersetzt werden.

Das Wasser

Temperaturbereich 20–24°C, Härte bis 10° dGH, für die Zuchtansätze der meisten Killifische jedoch sehr viel weicher. Leitungswasser mit AquaSafe aufbereiten, ToruMin zugeben, pH-Wert leicht sauer bis neutral. Zu hartes Wasser muß entsalzt werden.

Die Beurteilung

Die Pflanzen neigen dazu, in relativ kurzer Zeit das ganze Becken zu überwuchern. Obwohl sich die Killifische auch darin gut bewegen können, empfiehlt es sich, regelmäßig auf die Ursprungskonzeption zurückzustutzen.
Für Anfänger und Hobbyzüchter.

Die Technik siehe Seite 108.
F, L, M, O, P

Große afrikanische Fische

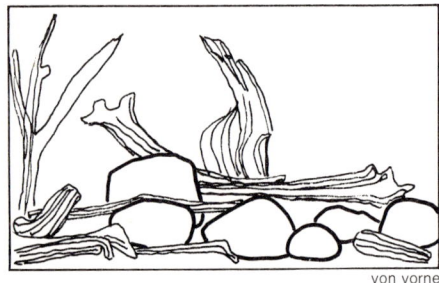
von vorne

Die Einrichtung

Aquariummindestgröße 100 × 40 × 50 cm, Inhalt etwa 200 Liter. Nur Jungfische einsetzen. 15 Liter Kies, Körnung 3 mm. 7 große und 5 kleine Quarzitbrocken, 4 große und 3 kleine Moorkienwurzeln, allerlei kleinere Holzteile. Besonders auf gute Abdeckung achten!

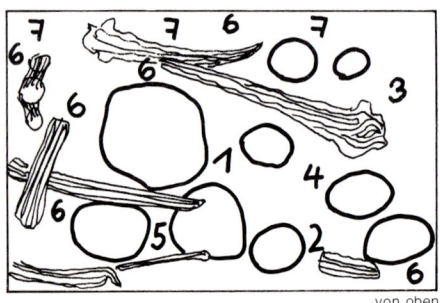
von oben

Die Pflege

Alle 14 Tage ⅓ Wasserwechsel nötig. Dabei muß der Mulm, der sich in den strömungsarmen Ecken gesammelt hat, abgesaugt werden. AquaSafe und PlantaMin zugeben. Absterbende Blätter entfernen.

Die Fische

1 Flösselhecht
(Polypterus palmas)
1 Flösselaal
(Calamoichthys malabaricus)
1,1 Blaumaul-Maulbrüter **(A)**
(Haplochromis burtoni)
2,1 Rote Cichliden **(B)**
(Hemichromis bimaculatus)
1 Rückenschwimmender Kongowels
(Synodontis nigriventris)
Algenfresser aus Südamerika
1 Borstenmaul
(Ancistrus cirrhosus)

Warum diese Fische?

Flösselhecht und Flösselaal gehören zu den urtümlichen Fischen. Sie sind sehr langlebig und zäh, ihre Beobachtung lohnt sich. Da sie sehr langsam wachsen, kaufen wir kleine Exemplare und können sie lange in relativ kleinen Aquarien halten.
Der Burtons-Maulbrüter hat ein interessantes Brutverhalten. Das Weibchen mit den Eiern im Maul setzt man in ein Aufzuchtbecken. Die Roten Cichliden bringen Farbe ins Aquarium. Wenn ein Paar laichbereit ist, sollte man es in ein Extra-Becken bringen, denn in diesem Gesellschaftsaquarium kommt kein Jungfisch hoch. Flösselhecht, Flösselaal und Rückenschwimmender Kongowels sieht man nur in der Dämmerung oder bei der Fütterung.

Das Futter

TetraMin, TetraRubin, TetraPhyll, Tetra FD-Menü, TetraTips FD, TetraCichlid Flocken, TetraCichlid Sticks, Tetra Diskus-Futter.

Das Wasser

Temperaturbereich 24–28 °C, Härte bis 10° dGH, Leitungswasser mit AquaSafe aufbereiten, ToruMin zugeben, ph-Wert neutral.

Afrika

Ausschnitt aus einem Kolk eines afrikanischen Baches. Das in der Regenzeit angeschwemmte Holz gibt zahlreichen Welsen, Barschen und anderen Raubfischen Unterschlupf. Ein Teil der Fische sind dämmerungsaktiv, so daß tags und in der Dämmerung wechselnde Fischarten vorherrschen.

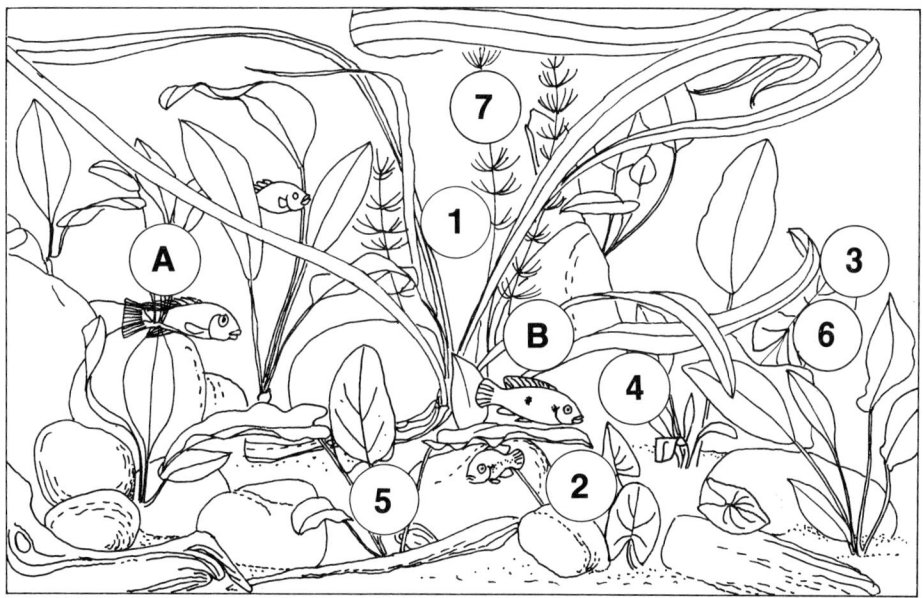

Die Pflanzen

1 Afrikanische Hakenlilie **(1)**
(Crinum natans)
1 Grüner Tigerlotus **(2)**
(Nymphaea lotus)
1 Roter Tigerlotus **(3)**
(Nymphaea lotus)
2 Zwergspeerblätter **(4)**
(Anubias nana)
1 Barters Speerblatt **(5)**
(Anubias barteri)
10 Westafrikanische Speerblätter **(6)**
(Anubias lanceolata)
5 Gemeine Hornblätter **(7)**
(Ceratophyllum demersum)

Warum diese Pflanzen?
Die hier gepflegten Fische sind kräftig, sie können rücksichtslos gegen die Umgebung schon beim Schwimmen Pflanzen zerstören. Vor allem die Buntbarsche verändern bei den Laichvorbereitungen manchmal die ganze Umgebung. Deshalb sind vorwiegend harte Pflanzen ausgewählt. Das Speerblatt ist eine Sumpfpflanze, die sich aber gut unter Wasser hält. Der Tigerlotus mit seinen großen weichen Blättern wird erstaunlicherweise wenig beschädigt. Auch wachsen immer wieder neue Blätter nach. Das Gemeine Hornblatt wuchert stark, nimmt viele Abbauprodukte aus dem Wasser auf und muß regelmäßig ausgelichtet werden.

Die Beurteilung

Ein Aquarium, das nicht groß genug gewählt werden kann. Trotzdem hat auch das seine Gefahren, denn je größer das Revier, desto aggressiver kann ein Buntbarsch sein. Neue Buntbarsche kann man in ein eingefahrenes Becken nicht einsetzen. Für geübte Aquarianer.

Die Technik siehe Seite 108.
A, B, G, I, K oder L, O, P, Q

Cichliden und Lebendgebärende Zahnkarpfen

Heimat Mittelamerika

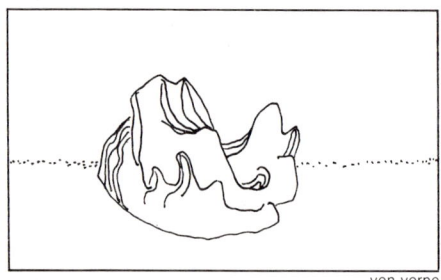

von vorne

Die Einrichtung

Aquariummindestgröße 100 × 40 × 50 cm, Inhalt etwa 200 Liter. Nur Jungfische einsetzen!
10 Liter ungewaschener Kies, Körnung 3 mm. Darüber kommen weitere 10 Liter gewaschener Kies. Eine große Mooreichenwurzel bedeckt den größten Teil des Bodens, sie muß zahlreiche Höhlungen frei lassen.

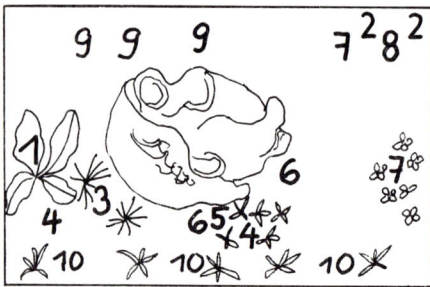

von oben

Die Pflege

Alle 3 Wochen $1/3$ Wasserwechsel. Aqua-Safe und PlantaMin zugeben. Zerfallende Blätter entfernen, wuchernde Pflanzen zurückschneiden und die Triebe neu auspflanzen.

Die Pflanzen

1 Riesen-Amazonaspflanze **(1)**
(Echinodorus maior)
2 Breite Amazonaspflanzen **(2)**
(Echinodorus bleheri)
5 Rote Haarnixen **(3)**
(Cabomba piauhyensis)
30 Amerikanische Wasserhecken **(4)**
(Didiplis diandra)
10 Seegrasblättrige Trugkölbchen **(5)**
(Heteranthera zosterifolia)
3 Südamerikanische Wassernabel **(6)**
(Hydrocotyle leucocephala)
10 Große Fettblätter **(7)**
(Bacopa carliniana)
5 Großblättrige Wasserpest **(8)**
(Egeria densa)
3 Breitblättrige Pfeilkräuter **(9)**
(Sagittaria platyphylla)
30 Zwergpfeilkräuter **(10)**
(Sagittaria subulata f. pusilla)

Warum diese Pflanzen?

Die Grünflossenbuntbarsche nehmen wenig Rücksicht auf die Pflanzen, deshalb müssen diese recht unempfindlich sein. Auch die Zahnkarpfen fressen gerne von den Pflanzen. Die schnellwuchernde Großblättrige Wasserpest ist ein willkommenes Zusatzfutter, die Pflanzen sind sehr hart im Nehmen. Der Wassernabel mit seinen hellgrünen, runden Blättern steht sehr schön hinter der Amerikanischen Wasserhecke. Eine Seite des Aquariums wird von der Riesen-Amazonaspflanze eingenommen, den Hintergrund bedecken die Breiten Amazonaspflanzen und das Breitblättrige Pfeilkraut. Diese in Büschen eingesetzen Pflanzen geben allen Fischen genügend Verstecke und lassen andererseits große freie Schwimmräume.

AMERIKA

Dichte Pflanzenbestände mit verschiedenen Wuchsformen teilen das Aquarium in mehrere Bezirke, so daß sich die Zahnkarpfen vor den oft sehr streitsüchtigen Buntbarschen verstecken können. Diese haben unter einer großen Wurzel genügend Hohlräume zur Aufzucht ihrer Jungen.

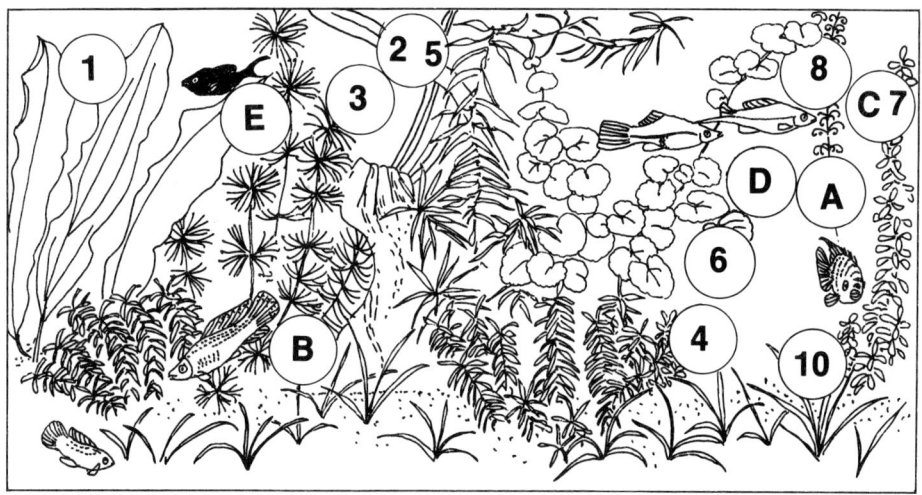

Die Fische

1,1 Grünflossenbuntbarsche **(A)**
(Cichlasoma nigrofasciatum)
1,1 Segelkärpflinge **(B)**
(Poecilia velifera)
1,1 Rote Schwertträger **(C)**
(Xiphophorus helleri) Zuchtform
1,1 Grünrote Schwertträger **(D)**
(Xiphophorus helleri) Zuchtform
2,2 Lyratail-Blackmolly **(E)**
(Poecilia sphenops) Zuchtform
1 Borstenmaul
(Ancistrus cirrhosus)

Warum diese Fische?
Das Becken ist ganz auf die Bedürfnisse der Grünflossenbuntbarsche eingerichtet. Unter der Eichenwurzel finden sie genügend Verstecke und können dort auch laichen. Die dichten Pflanzenbüschel verbergen die Partner voreinander. Das ist wichtig, denn die Grünflossenbuntbarsche sind oft heftige Raufer, die ihre Partner sogar töten können. Die Lebendgebärenden Zahnkarpfen beleben das Aquarium mit ihren lebhaften Farben.

Das Futter

TetraMin, TetraRubin, TetraPhyll, Tetra-Menü, Tetra FD-Menü, TetraTips FD.

Das Wasser

Temperaturbereich 24–26 °C, Leitungswasser mit AquaSafe aufbereiten, pH-Wert neutral. Keine besonderen Ansprüche an die Wasserhärte.

Die Beurteilung

Läßt man den Pflanzen in diesem Aquarium freien Lauf, dann ist die schöne Komposition bald von einem uninteressanten Gewirr von Pflanzen überwuchert und die Fische haben keinen Bewegungsraum. Also immer wieder reduzieren, dabei aber die Gesamträume nicht ändern, da die Buntbarsche sonst ihr Revier nicht wiedererkennen. Für Anfänger geeignet.

Die Technik siehe Seite 108.
A, B, G, K oder L, N, O, P, Q

Aus der offenen südamerikanischen Landschaft

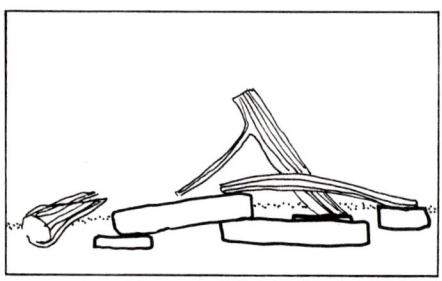

Die Einrichtung
von vorne

Aquariummindestgröße 100 × 40 × 50 cm, Inhalt etwa 200 Liter. Cichliden nur als Jungfische einsetzen!
10 Liter ungewaschener Kies, Körnung 2–3 mm, mit Tetra Initial D vermischt, darüber 15 Liter gewaschener Kies. Eine große Moorkienwurzel, zwei kleine Moorkienwurzeln. Drei flache Steine aus rotem, vom Wasser glattgeschliffenem Buntsandstein. Diese liegen so, daß die kleinen Buntbarsche Verstecke finden.

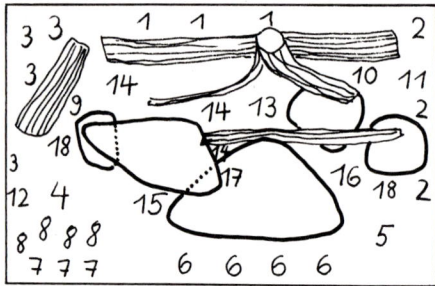
von oben

Die Pflege

Alle zwei Wochen Wechsel von ⅓ des Wassers. AquaSafe und PlantaMin zugeben. Da der Boden viele strömungsarme Winkel hat, muß der Mulm sorgfältig abgezogen werden. Starke Strömung im freien Schwimmraum hat sich als vorteilhaft erwiesen.

Die Technik siehe Seite 108. A, B, D, G, H, K oder L, M, N, O, P, Q.

Die Fische

1,1 Blaupunkt-Buntbarsche **(A)**
(Aequidens pulcher)
2,2 Borellis Zwergbuntbarsche **(B)**
(Apistogramma borelli)
3,3 Blutsalmler, Serpasalmler **(C)**
(Hyphessobrycon callistus „callistus")
3,3 Rotkopfsalmler **(D)**
(Petitiella georgiae)
2,2 Glasrotflosser **(E)**
(Prionobrama filigera)
3,3 Schrägschwimmer
(Thayeria boehlkei)
2,1 Segelkärpflinge
(Poecilia velifera)
2 Smaragd-Panzerwelse
(Brochis coeruleus)
2 Schwartz's-Panzerwelse
(Corydoras schwartzi)
1 Borstenmaul
(Ancistrus cirrhosus)
2 Saugwelse
(Otocinclus affinis)

Warum diese Fische?

Hier ist eine besondere amerikanische Fischgesellschaft zusammengestellt, die möglichst viele Farben und Formen bietet. Einige Fische üben dabei nützliche Funktionen aus: Die Segelkärpflinge fressen viele Aufwuchsalgen und absterbende Pflanzenteile. Das Borstenmaul frißt Algen. Die Saugwelse halten die Blätter algenfrei. Die Panzerwelse verwerten alle Stoffe auf dem Grund.

Das Futter

TetraMin, TetraRubin, TetraPhyll, TetraMenü, Tetra FD-Menü, TetraTips FD, TabiMin, Tetra DiskusFutter.

Das Wasser

Temperaturbereich 24–26 °C, Härte bis 10° dGH, Leitungswasser mit AquaSafe aufbereiten, ToruMin zugeben, pH-Wert leicht sauer bis neutral.

AMERIKA

Die üppig wuchernden Pflanzen, der Überschwung an Pflanzenformen und an Farbabstufungen vom zarten Gelbgrün bis zum kräftigen Dunkelgrün, die zahlreichen Türkisglimmerschuppen, die auf den bulligen Körpern der Buntbarsche glänzen oder die Schwärme von lebhaften und farbenprächtigen Salmlern, die den Vordergrund beleben, wenn die Barsche im dichten Pflanzendschungel verschwinden, versetzt uns in eine Tropenwelt, wie sie auf so einem engen Bezirk nur im Aquarium existieren kann.

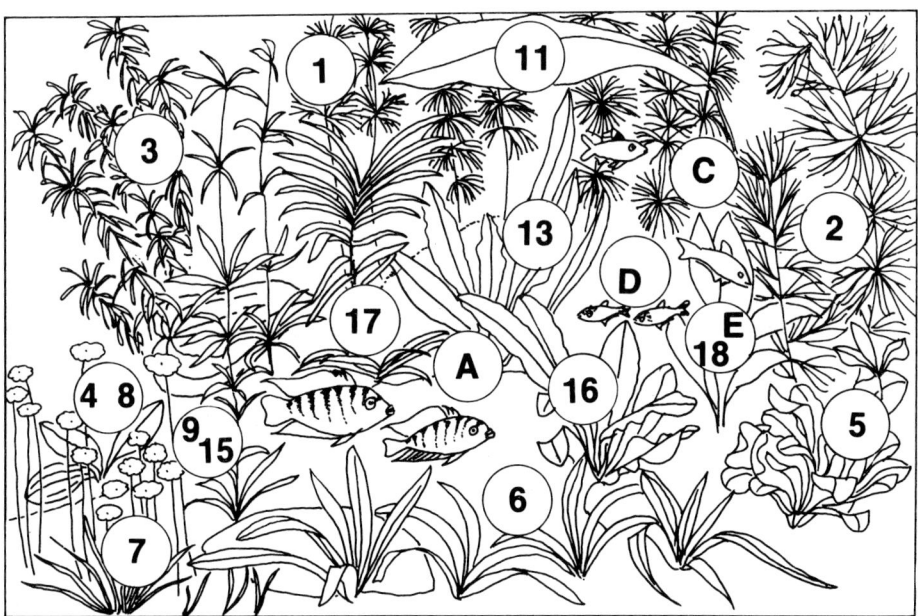

Die Pflanzen

20 Carolina-Haarnixen **(1)**
(Cabomba caroliniana)
10 Feinfiedrige Wasser-Haarnixen **(2)**
(Cabomba aquatica)
30 Seegrasblättrige Trugkölbchen **(3)**
(Heteranthera zosterifolia)
10 Gewöhnlicher Wassernabel **(4)**
(Hydrocotyle vulgaris)
10 Amerikanische Bachbungen **(5)**
(Samolus parviflorus)
10 Breitblättrige Pfeilkräuter **(6)**
(Sagittaria platyphilla)
30 Zwergpfeilkräuter **(7)**
(Sagittaria subulata f. pusilla)
1 Dunkle Amazonaspflanze **(8)**
(Echinodorus opacus)
1 Horizontale Amazonaspflanze **(9)**
(Echinodorus horizontalis)
1 Herzblättriger Wasserwegerich **(10)**
(Echinodorus cordifolius)
1 Steifblättrige Amazonaspflanze **(11)**
(Echinodorus andrieuxii)
1 Osiris-Schwertpflanze **(12)**
(Echinodorus osiris)
1 Horemans Schwertpflanze **(13)**
(Echinodorus horemanii)
2 Rasen je etwa 200 Stück Grasartige Schwertpflanzen **(14)**
(Echinodorus tenellus)
2 Zwerg-Amazonasschwertpflanzen mit Ausläufern **(15)**
(Echinodorus quadricostatus)
1 Riesen-Amazonaspflanze **(16)**
(Echinodorus maior)
2 Azurblaue Wasserhyazinthen **(17)**
(Eichhornia azurea)
10 Große Papageienblätter **(18)**
(Alternanthera lilacina)

Warum diese Pflanzen?
Eine Sammlung vieler Echinodorusarten. Bei den anderen Pflanzen kommt es auf die gute Wüchsigkeit an.

Große Buntbarsche, Spindelhechte und Salmler

Heimat Südamerika

von vorne

Die Einrichtung

1200-Liter-Becken im Aquarium der Wilhelma, Stuttgart.
Frontscheibe 98 × 73 cm.
Halbkreisförmige Rückwand aus Beton.
Für den Aquarianer ist ein Glas- oder Eternitbecken geeigneter. Es kann dann auch kleiner sein, doch etwa 600 Liter sollte es noch fassen.
Kies mit einer Körnung von 3 bis 5 mm. 5 große abgerundete Granitsteine, 2 große Moorkienwurzeln.

von oben

Die Pflege

Wöchentlich ⅓ Wasserwechsel. Entfernen von absterbenden Blättern. Absaugen von Kot und Mulm. AquaSafe und PlantaMin zugeben.

Das Futter

TetraMin, TetraRubin, TetraPhyll, Tetra FD-Menü, TetraTips FD, TetraCichlid Flocken, TetraCichlid Sticks, Tetra DiskusFutter.

Die Fische

3,3 Regenbogencichliden **(A)**
(Herotilapia multispinosa)
2,2 Südamerikanische Spindelhechte **(B)**
(Potamorrhaphis guianensis)
3 Gebänderte Leporinus **(C)**
(Leporinus affinis)
6 Brachsensalmler **(D)**
(Abramites microcephalus)

Warum diese Fische?
Wenn man ein genügend großes Aquarium hat, dann ist es zweckmäßig, man vergesellschaftet einige wenige große Arten, die besonders auffällig gefärbt oder geformt sind. Die farbigen Regenbogenbuntbarsche z. B. sind sehr lebhaft. Falls man mehrere Paare hat, ist dann immer eines am Laichen. Sie bilden einen schönen Gegensatz zu den ruhigen, pfeilschlanken Spindelhechten, die in den oberen Wasserschichten auf Beute lauern. Die kopfabwärts durchs Becken ziehenden Brachsensalmler dagegen sind ein Gegenstück zu den torpedoförmigen Gebänderten Leporinus. In diesem Aquarium ist immer Betrieb. Es ist allerdings schwierig, neue Fische einzusetzen. Am besten bringt man alle Fische gleichzeitig ein. Dabei muß berücksichtigt werden, daß die Spindelhechte ziemlich klein sein müssen, denn sie können noch Fische verschlucken, von denen man nicht glaubt, daß sie in die schlanken Körper hineinpassen.

AMERIKA

Pfeilschlanke Hechte lauern reglos, torpedoförmige Salmler tummeln sich in Bodennähe, kopfabwärts ziehen andere Salmler zwischen den Pflanzen hindurch und am Rande des Teichrosendschungels laichen bunte Cichliden.

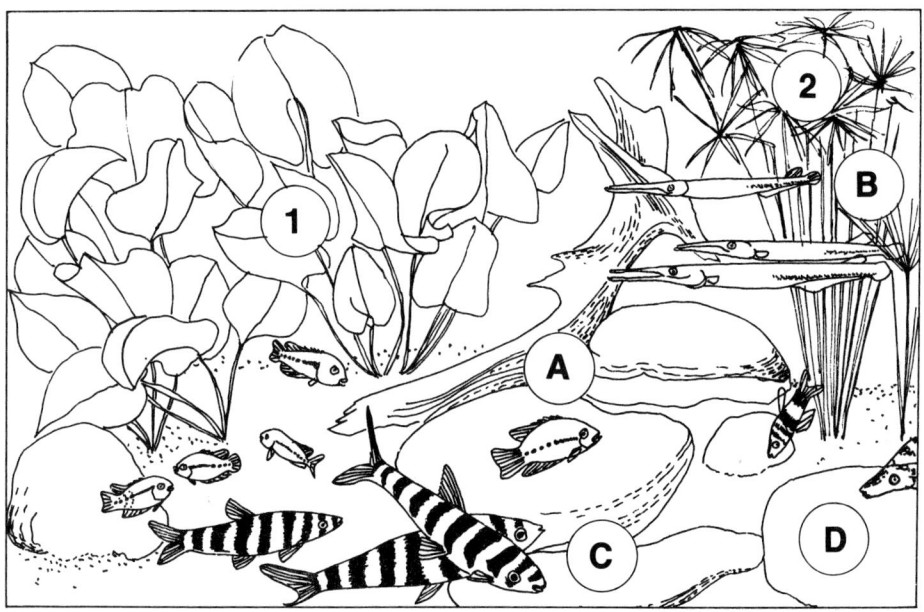

Die Pflanzen

10 Gelbe Teichrosen **(1)**
(Nuphar lutea)
5 Zyperngräser **(2)**
(Cyperus alternifolius)

Warum diese Pflanzen?
Die hier gehaltenen Salmler, besonders die Leporinus, sind starke Pflanzenfresser. Die Teichrosen mögen sie aber nicht, und das Zyperngras ist ihnen zu hart. Das Zyperngras ist eine Sumpfpflanze, die sich in der Regel nicht länger als ein halbes Jahr unter Wasser halten läßt. Es muß dann an Land weiterkultiviert werden.

Das Wasser

Temperaturbereich 24–26 °C, Leitungswasser mit AquaSafe aufbereitet. Keine besonderen Ansprüche an die Wasserhärte.

Die Beurteilung

Im Hause sollte dieses Becken wenigstens 2 m lang sein. Es muß aber nicht so tief sein. Obwohl es schön wirkt, wenn das Zyperngras über den Beckenrand hinauswächst, muß man vorsichtig sein, denn die Leporinus sind gute Springer. Man muß ein offenes Becken unbedingt mit einem Netz abdecken und das Zyperngras durchwachsen lassen.
Für Fortgeschrittene.

Die Technik siehe Seite 108.
A, C, G, I, K oder L, O, P, Q

Segelflosser und Roter Neon

Heimat Südamerika

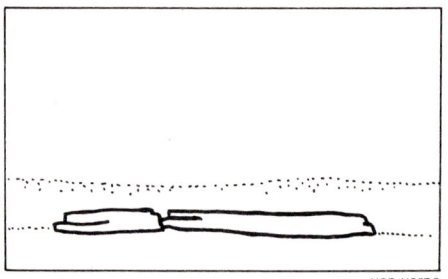
von vorne

Die Einrichtung

Aquariummindestgröße 100 × 40 × 50 cm, Inhalt etwa 200 Liter. Segelflosser nur als Jungfische einsetzen.
10 Liter kalkfreier ungewaschener Kies, Körnung 5 mm, gemischt mit Tetra Initial D. 5 Liter gewaschener Kies kommt darüber. 3 große Stücke schwarzes versteinertes Holz.

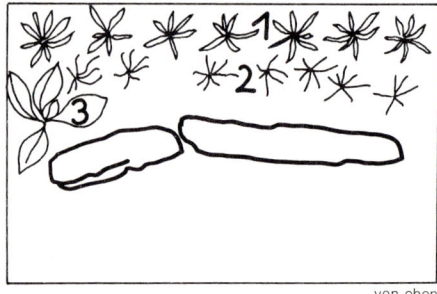
von oben

Die Pflege

Absterbende Blätter der Sumpfschraube und der Amazonas-Schwertpflanze entfernen. Regelmäßig alle drei Wochen $1/3$ Wasser wechseln, weiches, eventuell enthärtetes Wasser nachfüllen, AquaSafe und PlantaMin zugeben.

Die Fische

Der Fischbesatz ist hier unnötig hoch. 20 Rote Neon und 2 Segelflosserpaare ergeben denselben Eindruck.
2 Segelflosser
(Pterophyllum scalare)
1 Goldskalar
1 marmorierter Skalar **(A)**
Rauchskalare, schwarze Skalare und deren Schleierformen.
40 Rote Neon **(B)**
(Paracheirodon axelrodi)
1 Leopard-Panzerwels
(Corydoras julii)

Warum diese Fische?
Es lohnt sich, ein besonderes Skalare-Becken einzurichten. Besonders für einen Freund ruhiger Schönheit ist es eine Erholung besonderer Art, abends die majestätische Ruhe zu genießen, die von solch einem Aquarium ausgeht. Die Roten Neon liefern dazu ruhig bewegte Farbeffekte. Segelflosser fressen gern Neonfische, deshalb muß man junge Skalare, für die erwachsene Neons noch zu groß zum Fressen sind, mit einem Schwarm Neons zusammen aufziehen. Sind sie erst aneinander gewöhnt, dann verfolgen sie bei guter Fütterung diese nicht mehr.

Das Futter

TetraMin, TetraRubin, TetraMenü, Tetra FD-Menü, TetraTips FD, Tetra DiskusFutter.

Das Wasser

Temperaturbereich 24–28 °C, Härte bis 10° dGH, Leitungswasser mit AquaSafe aufbereiten, ToruMin zugeben, pH-Wert leicht sauer. Zu hartes Wasser muß entsalzt werden.

AMERIKA

Vor einer grünen Wand aus hochstrebenden Sumpfschrauben ziehen Segelflosser in verschiedenen Zuchtformen majestätisch ihre Bahn. Dieses dekorative Aquarium zeigt, welche erstaunlichen Variationsmöglichkeiten in einer Fischart liegen, wenn man eine sorgfältige Zuchtwahl betreibt. Einen schönen Gegensatz dazu bieten die Roten Neon, die wohl zu den farbenprächtigsten Süßwasserwildfischen zählen. Dieses Aquarium eignet sich auch sehr gut zum Einbau in eine Wand oder als Raumteiler.

Die Pflanzen

8 Riesen-Sumpfschrauben **(1)**
(Vallisneria gigantea)
20 Sumpfschrauben **(2)**
(Vallisneria spiralis)
3 Breite Amazonaspflanzen **(3)**
(Echinodorus bleheri)

Warum diese Pflanzen?
Wie ein flutender Vorhang bedecken die langen Blätter der Sumpfschraube den Rückteil des Beckens. Zwischen den hochwachsenden Pflanzen stehen gern die Segelflosser. Die Breiten Amazonaspflanzen entwickeln sich bald zu großen Büschen, die den kleineren Fischen Einstand geben und mit ihrer dunklen Blattfarbe sich gut von den schmalen, gelbgrünen Vallisnerienblättern abheben.

Die Beurteilung

Fische mit ihrer natürlichen Nahrung in einem Aquarium? Vor dieser Kombination kann nur gewarnt werden! Dennoch kommt sie so häufig vor, daß sie behandelt werden muß. Praktiker des dekorativen Aquariums schwören auf ihre Methode des Zusammengewöhnens. Aber eines Tages müssen sie beschämt zugeben, daß ein unerklärlicher Freßrausch die Skalare befiel und alle Neons vernichtet wurden. Auch für Anfänger geeignet. Die Neons müssen jedoch vor dem Einsetzen der Jungskalare gut eingewöhnt sein.

Die Technik siehe Seite 108.
A, B, D, G, H, K oder L, M, N, O, P, Q

Tropisches Südamerika

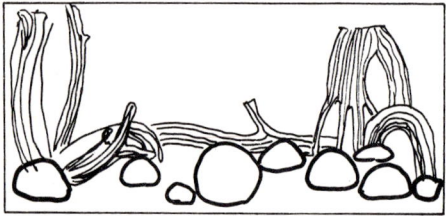
von vorne

Die Einrichtung

Aquariummindestgröße 100 × 40 × 40 cm, Inhalt etwa 160 Liter. Segelflosser nur als Jungtiere einsetzen.
10 Liter ungewaschener kalkfreier Kies, Körnung 2 mm, werden mit Tetra Initial D vermischt, darauf 15 Liter gewaschener Kies, 2 mm Körnung, ein weiterer Liter mit mindestens 5 mm Körnung wird unregelmäßig darüber verteilt. 10 große, abgerundete Flußkiesel aus Granit und rotem Sandstein und etwa 20 kleinere Flußkiesel. 5 große Moorkienwurzeln.

von oben

Die Pflege

Alle drei Wochen wird ⅓ Wasser gewechselt, danach AquaSafe und PlantaMin zugegeben. Das stark wuchernde Gemeine Hornblatt muß immer wieder eingekürzt werden, damit es den freien Schwimmraum nicht versperrt und genügend Licht zu den Bodenpflanzen dringt. Absterbende Blätter der Amazonaspflanzen müssen entfernt werden. Trotz guter Filterung sammelt sich Mulm in den toten Winkeln der Flußkiesel. Er muß abgesaugt werden.

Die Fische

1,1 Rauchskalare **(A)**
(Pterophyllum scalare) Zuchtformen
1,1 Segelflosser-Wildfänge **(B)**
(Pterophyllum scalare)
2,2 Schmetterlingsbuntbarsche **(C)**
(Papiliochromis ramirezi)
2,1 Brillantsalmler **(D)**
(Moenkhausia pittieri)
2,1 Schmucksalmler **(E)**
(Hyphessobrycon ornatus)
3,3 Rote Phantomsalmler **(G)**
(Megalomphodus megalopterus)
2,2 Zitronensalmler **(H)**
(Hyphessobrycon pulchripinnis)
2,1 Karfunkelsalmler **(I)**
(Hemigrammus pulcher)
8 Goldtetra **(K)**
(Hemigrammus armstrongi)
10 Neonsalmler **(L)**
(Paracheirodon innesi)
1 Borstenmaul
(Ancistrus cirrhosus)
2 Saugwelse
(Otocinclus affinis)
3 Rostpanzerwelse
(Corydoras myersi)

Warum diese Fische?
Nahezu alle Fische sind ruhige, teilweise revierbildende, aber recht friedliche Tiere. Die schönflossigen bunten kleinen Salmler bilden einen schönen Kontrast zu den großen Segelflossern. Die Goldtetra stehen in ruhigem Schwarm als Goldpunkte im Hornblattbusch. Die Neonfische darunter ziehen als besondere Farbeffekte durch das Becken. Das Borstenmaul sorgt für die Beseitigung der Algen an Holz, Steinen und Scheiben, die Saugwelse fressen die Algen von den Blättern. Die Panzerwelse passen in der Farbe zu den Salmlern und ihr Längsstreifen kontrastiert mit den senkrechten Streifen der Segelflosser. Durch die gewählte Zusammenstellung sind nahezu alle Wasserschichten belebt. Als brillanter Bewohner der bodennahen Region fällt der Schmetterlingsbuntbarsch mit seinem interessanten Brutverhalten auf.

AMERIKA

Eine gestaltete Unterwasserlandschaft, dem Randgebiet eines Flußlaufes des südamerikanischen Urwalds nachempfunden. Salmler, Buntbarsche und Welse leben hier, Formen und Farben treffen zusammen, die kaum mehr an die Färbung unserer einheimischen Fische oder an die gewohnte Fischgestalt erinnern.

Das Futter

TetraMin, TetraRubin, Tetra FD-Menü, TetraTips FD, TabiMin, Tetra DiskusFutter.

Die Pflanzen

2 Breite Amazonaspflanzen **(1)**
(Echinodorus bleheri)
2 Riesen-Amazonaspflanzen **(2)**
(Echinodorus maior)
1 Schwarze Amazonaspflanze **(3)**
(Echinodorus parviflorus)
2 Rasen Graspflanzen
je etwa 200 Stück **(4)**
(Lilaeopsis novae-zelandiae)
1 Rasen Nadelsimse **(5)**
(Eleocharis acicularis)
10 Stengel Gemeines Hornblatt **(6)**
(Ceratophyllum demersum)

Warum diese Pflanzen?

Die Breiten Amazonaspflanzen wachsen im Lauf der Zeit zu mächtigen Büschen heran und geben damit einen schönen seitlichen Abschluß. Die Riesen-Amazonaspflanze mit dem Ausläufer wirkt mit ihren hellen Blättern gut als Solitärpflanze und gibt einen gewollten Kontrast zur Schwarzen Amazonaspflanze. Die Rasen der Zwergschwertpflanze bilden zusammen mit dem Gras weitere Revierabgrenzungen ohne den freien Schwimmraum der Segelflosser einzuengen. Das Gemeine Hornblatt ist ein schöner, oft goldgrün leuchtender Hintergrund. Diese schnellwachsenden Pflanzen nehmen viele Abbaustoffe auf und erzeugen bei gutem Licht sehr viel Sauerstoff.

Das Wasser

Temperaturbereich 24–26 °C, Härte bis 10° dGH, Leitungswasser mit AquaSafe aufbereiten, ToruMin zugeben, pH-Wert leicht sauer bis neutral.

Die Beurteilung

Ohne Lebendfutter lassen sich Skalare, vor allem Wildfänge, und Schmetterlingsbuntbarsche nicht zufriedenstellend halten. Neons kann man nur mit jungen Skalaren zusammen eingewöhnen. Sind die Segelflosser einmal ausgewachsen, dann kann man Jungsalmler nicht mehr neu ins Aquarium einsetzen.
Für Aquarianer mit Erfahrung.

Die Technik siehe Seite 108.

A, B, D, G, H, K oder L, N, O, P, Q

Leuchtende Juwelen, Fischzwerge

Heimat Südamerika

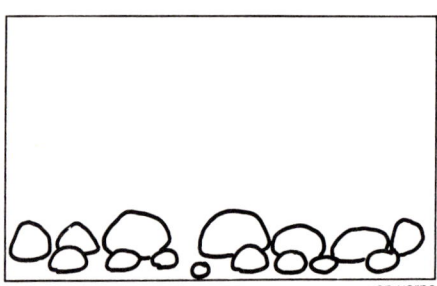
von vorne

Die Einrichtung

Aquariummindestgröße 70 × 38 × 33 cm, Inhalt etwa 85 Liter.
5 Liter ungewaschener Kies, Körnung 2–3 mm, mit Tetra Initial D vermischt. Darüber kommen 10 Liter gewaschener Kies und 40 Flußkiesel aus rotbuntem Granit.

von oben

Die Pflege

Alle drei Wochen ⅓ Wasserwechsel, verdunstetes Wasser mit entsalztem Wasser auffüllen. Zerfallende Blätter entfernen, sorgfältig darauf achten, daß keine Fadenalgen eingeschleppt werden oder auftreten. Sofort Maßnahmen ergreifen, wenn sie auftreten. Algizit wirkt hervorragend und schadet den Fischen nicht. Beim Wasserwechsel AquaSafe, ToruMin und PlantaMin zugeben.

Die Fische

10 Rote Neons **(A)**
(Paracheirodon axelrodi)
10 Neons **(B)**
(Paracheirodon innesi)
10 Schwarze Neons **(C)**
(Hyphessobrycon herbertaxelrodi)
6 Grüne Neons
(Hemigrammus hyanuary)
3,3 Glühlichtsalmler **(D)**
(Hemigrammus erythrozonus)
2 Grünblaue Neons
(Paracheirodon simulans)
6 Schwarzschwingen-Beilbäuche **(E)**
(Carnegiella marthae)
6 Gestreifte Beilfische **(F)**
(Carnegiella strigata)
3,3 Zwergpanzerwelse
(Corydoras pygmaeus)
2 Saugwelse
(Otocinclus affinis)

Warum diese Fische?

Obwohl die verschiedenen als „Neon" bezeichneten Fische nicht zur selben Gattung gehören, reizt es, sie alle zusammen zu halten. Dazu gehört unbedingt auch der Glühlichtsalmler, der die dunklen Bereiche des Aquariums mit seinem leuchtendroten Seitenstreifen sehr belebt. Die Oberfläche besetzen wir mit den kleinen Beilbäuchen und bringen dadurch noch eine ganz andere Fischform ins Becken. Der kleine Zwergpanzerwels belebt die unteren Wasserschichten und die Saugwelse sorgen dafür, daß keine Algen auf den Blättern wachsen.

Das Futter

TetraMin, TetraRubin, TetraMenü, TetraTips FD, TetraOvin, TabiMin.

AMERIKA

Zwischen feinfiedrigen Pflanzen, vor breiten Pflanzenblättern und roten Steinen schimmern die blauen Rücken der Neonfische. Im dunklen Schatten einer seltenen Amazonaspflanze glüht die rote Seitenlinie des Glühlichtsalmlers. Beilbäuche beleben den Raum unmittelbar unter der Oberfläche.

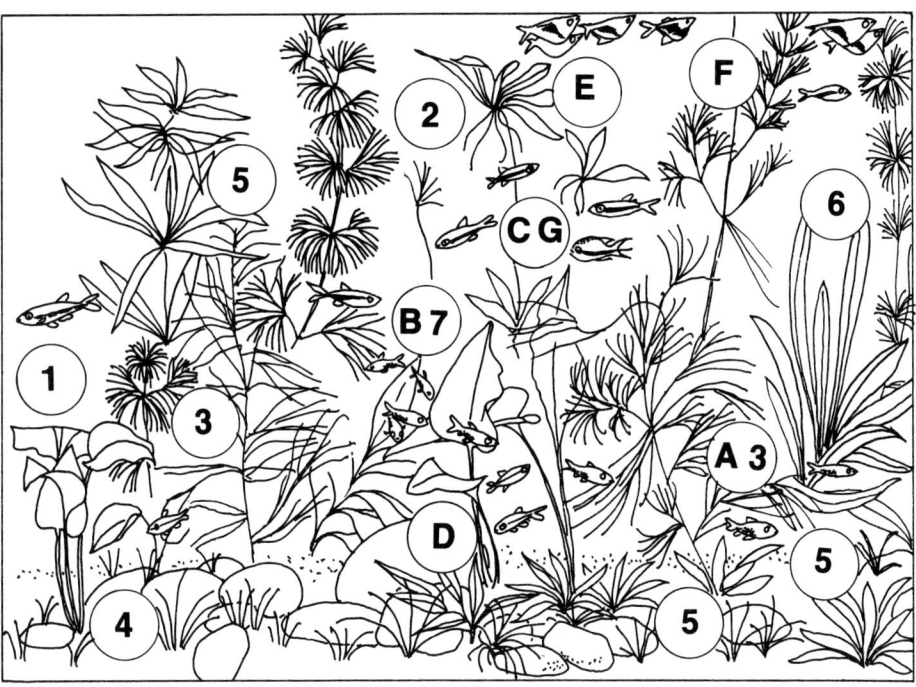

Die Pflanzen

10 Eidechsenschwänze **(1)**
(Saururus cernuus)
20 Carolina-Haarnixen **(2)**
(Cabomba caroliniana)
4 Feinfiedrige Wasser-Haarnixen **(3)**
(Cabomba aquatica)
50 Grasartige Schwertpflanzen **(4)**
(Echinodorus tenellus, rötliche Form)
6 Zwergamazonasschwertpflanzen mit Ausläufern **(5)**
(Echinodorus quadricostatus)
2 Breite Amazonaspflanzen **(6)**
(Echinodorus bleheri)
1 Porto-Alegre-Schwertpflanze **(7)**
(Echinodorus portoalegrensis)

Warum diese Pflanzen?
Eine hellgrüne Wand aus Carolina-Haarnixe schließt das Aquarium nach hinten ab. Die Seiten werden begrenzt von der Breiten Amazonaspflanze, als Solitärpflanze sitzt in der Mitte die Porto-Alegre-Schwertpflanze mit ihren dunkelgrünen Blättern. Um sie herum stehen in dem Rasen der Grasartigen Schwertpflanze die Eidechsenschwanzpflanzen mit ihren großen Blättern. Die Zwergamazonasschwertpflanze treibt ihre Ausläufer sowohl am Boden entlang als auch senkrecht hinauf zur Oberfläche. Die zarten Pflanzen überwiegen und passen ausgezeichnet zu den Farben der Neons.

Das Wasser

Temperaturbereich 22–24 °C, Härte bis 10° dGH, Leitungswasser mit AquaSafe aufbereiten, ToruMin zugeben, pH-Wert leicht sauer bis neutral. Zu hartes Wasser muß entsalzt werden.

Die Beurteilung

Nur für Fortgeschrittene.

Die Technik siehe Seite 108.

A, B, D, G, H, K oder L, M, N, O, P, Q

Pflanzenkompositionen
mit Kleinsalmlern und Zwergbuntbarschen

von vorne

Die Einrichtung

Aquariummindestgröße 70 × 38 × 33 cm, Inhalt etwa 85 Liter.
5 Liter ungewaschener, kalkfreier Kies, Körnung 2–3 mm, wird mit Tetra Initial D vermengt, darüber kommen 10 Liter gewaschener Kies der gleichen Größe. 3 große Brocken braunes, versteinertes Holz gliedern den Aufbau. Zahlreiche kleine und kleinste Stücke werden über dem Kies verstreut, lassen aber Pflanzstellen frei.

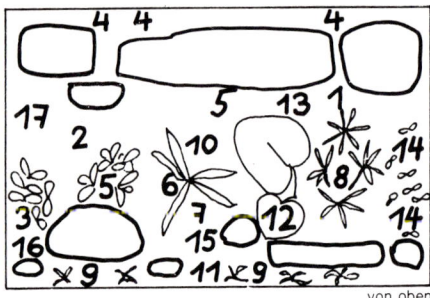
von oben

Die Pflege

Bis auf die Lagenandra handelt es sich um schnellwüchsige Pflanzen, die mindestens einmal in der Woche ausgelichtet und zum Teil auf die ursprüngliche Höhe eingekürzt werden müssen. Dabei entfernt man auch absterbende Blätter mit einer langen Schere und einer Pinzette. Alle drei Wochen wird $1/3$ des Wassers gewechselt, dabei PlantaMin zugeben. Eine viel Wasser fördernde Filterung und ToruMin-Gaben sorgen für eine gute Wasserqualität.

Die Fische

3,3 Längsbandsalmler **(A)**
(Nannostomus beckfordi anomalus)
5,5 Zwergziersalmler **(B)**
(Nannostomus marginatus)
3,3 Dreibindenziersalmler **(C)**
(Nannostomus trifasciatus)
1,1 Trauermantelsalmler, Schleierform
(Gymnocorymbus ternetzi)
2,2 Rote von Rio **(D)**
(Hyphessobrycon flammeus)
1,1 Reitzigs Zwergbuntbarsche **(E)**
(Apistogramma reitzigi)
2 Saugwelse
(Otocinclus spec.)
Algenfresser aus Asien:
2 Siamesische Rüsselbarben
(Epalzeorhynchus siamensis)

Warum diese Fische?
In diesem Aquarium herrschen die Pflanzen vor. Die Ziersalmler sind kleine, friedliche Fische, die sich gern in der Nähe von lockeren Pflanzenbüscheln aufhalten. Sie zerstören weder durch Fressen noch durch sonstige Betätigung irgendwelche Pflanzen. Es ist beabsichtigt, alle Ziersalmlerarten einzusetzen. Reitzigs Zwergbuntbarsch ist ein zurückhaltender Fisch, der in Bodennähe gelegentlich zwischen den Pflanzen beobachtet werden kann. Die Trauermantelsalmler bilden wie die Roten von Rio einen optischen Kontrapunkt gegen die langgestreckten Ziersalmler. Die Saugwelse und die Siamesischen Rüsselbarben halten die Algen kurz.

Das Futter

TetraMin, TetraRubin, TetraMenü, Tetra-Tips FD, TetraOvin, TabiMin.

AMERIKA

Die Vielfalt der Formen und Farben der Wasserpflanzen, weich, flutend, derb oder hart, die überraschenden Größenunterschiede der Blätter verleiten zu einer rein auf Pflanzen aufgebauten Aquarienkomposition.

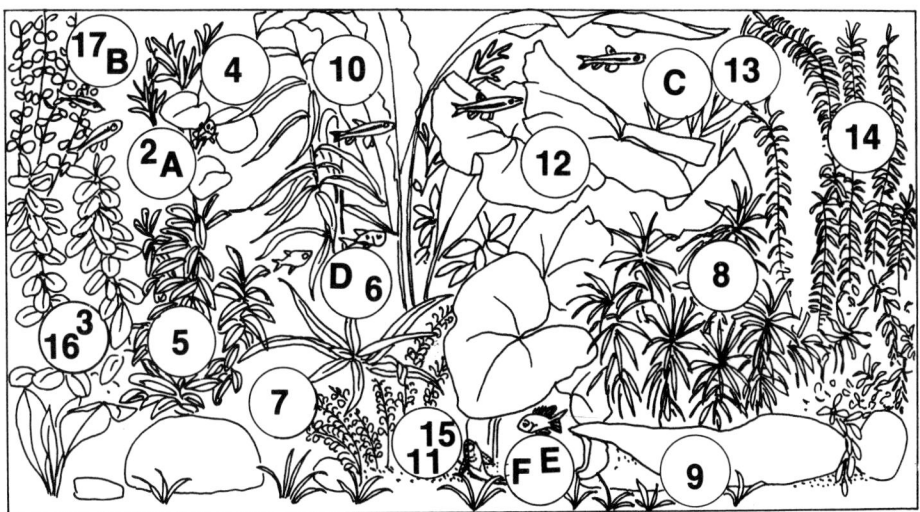

Die Pflanzen

30 Schmalblättrige Papageienblätter **(1)**
(Alternanthera sessilis)
3 Südamerikanische Wassernabel **(2)**
(Hydrocotyle leucocephala)
3 Große Fettblätter **(3)**
(Bacopa caroliniana)
4 Indische Sternpflanzen **(4)**
(Hygrophila difformis)
20 Afrikanische Weideriche **(5)**
(Nesaea crassicaulis)
4 Bräunliche Wasserfreunde **(6)**
(Hygrophila polysperma, neue Form)
5 Indische Wasserfreunde **(7)**
(Hygrophila polysperma, grüne Form)
10 Quirlblättrige Lindernien **(8)**
(Lindernia spec.)
20 Zwergschwertpflanzen **(9)**
(Echinodorus tenellus)
1 Eiförmige Lagenandra **(10)**
(Lagenandra ovata)
10 Mooskräuter **(11)**
(Mayaca fluviatilis)
1 Grüner Tigerlotus **(12)**
(Nymphaea lotus)
10 Feinblättrige Rotala **(13)**
(Rotala wallichii)
20 Rundblättrige Rotala **(14)**
(Rotala rotundifolia)
10 Zwergpfeilkräuter **(15)**
(Sagittaria subulata f. pusilla)
3 Amerikanische Bachbungen **(16)**
(Samolus parviflorus)
10 Rundblättrige Lindernien **(17)**
(Lindernia microcalyx)

Warum diese Pflanzen?
Alle diese Pflanzen wurden rein nach Gesichtspunkten der Schönheit, nach Gegensätzen in Form und Farbe zusammengestellt.

Das Wasser

Temperaturbereich 24–26 °C, Härte bis 10°dGH, Leitungswasser mit AquaSafe aufbereiten,- ToruMin zugeben, pH-Wert leicht sauer bis neutral. Zu hartes Wasser muß entsalzt werden.

Die Beurteilung

Dieses Aquarium eignet sich für Leute, die nur wenig Platz haben. Gut beleuchtet ist es ein Juwel in jedem Zimmer.
Wegen hoher Ansprüche an die Wasserhygiene vor allem für Fortgeschrittene.

Die Technik siehe Seite 108.
A, B, D, G, H, K oder L, M, N, O, P, Q

Diskus im Schwarm

Heimat Südamerika

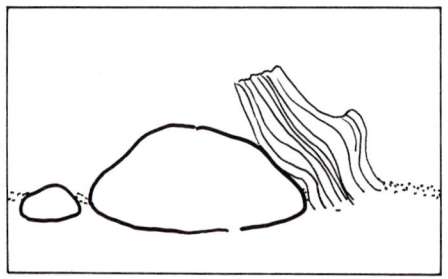

von vorne

Die Fische

12 ausgewählte Nachzuchten vom Royal blue Discus **(A)**
(Symphysodon aequifasciata haraldi)
4,4 Buntschwanz-Zwergbuntbarsche **(B)**
(Apistogramma agassizi)

Warum diese Fische?
Diskus müssen in sehr großen Becken gehalten werden, vor allem, wenn sie ein natürliches Verhalten zeigen sollen. Ob sie sich wohlfühlen, zeigen ihre Farben. So ein Schwarm von ausgewählten Tieren ist eine wahre Augenweide! Zur Belebung der bodennahen Bereiche sind dazu Zwergbuntbarsche eingesetzt.

Die Einrichtung

1200-Liter-Becken in der Wilhelma, Stuttgart.
Frontscheibe 98 × 73 cm.
Halbkreisförmige Rückwand aus Beton.
In der Aquarianerpraxis sind Ganzglasbecken geeigneter. Kies, Körnung 3 mm, darin Torfplatten eingearbeitet. 1 Moorkienholzwurzel, 3 Granitbrocken, die vom Wasser abgeschliffen sind.

Die Pflege

Wöchentlicher Wechsel von ⅓ der Wassermenge. AquaSafe und ToruMin zugeben. Neues Wasser wird über Ionenaustauscher entsalzt. Beim Wasserwechsel werden abgefallene Blätter, Kot und Mulm sorgfältig abgesaugt.

Das Futter

Tetra DiskusFutter, Tetra FD-Menü, Tetra-Tips FD.

Die Pflanzen

5 Breite Amazonaspflanzen **(1)**
(Echinodorus bleheri)
20 Schmalblättrige Riesenwasserfreunde **(2)**
(Hygrophila stricta)
50 Zwergpfeilkräuter **(3)**
(Sagittaria subulata f. pusilla)

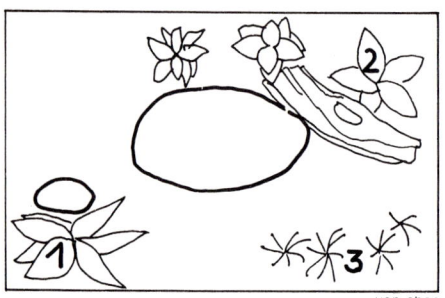

von oben

AMERIKA

Dieses Becken zeigt, daß man Discus nicht unbedingt in einem kahlen Becken halten muß. Selbst die Gesellschaft von anderen, friedlichen kleinen Buntbarschen beeinflußt diese empfindlichen Fische keineswegs.

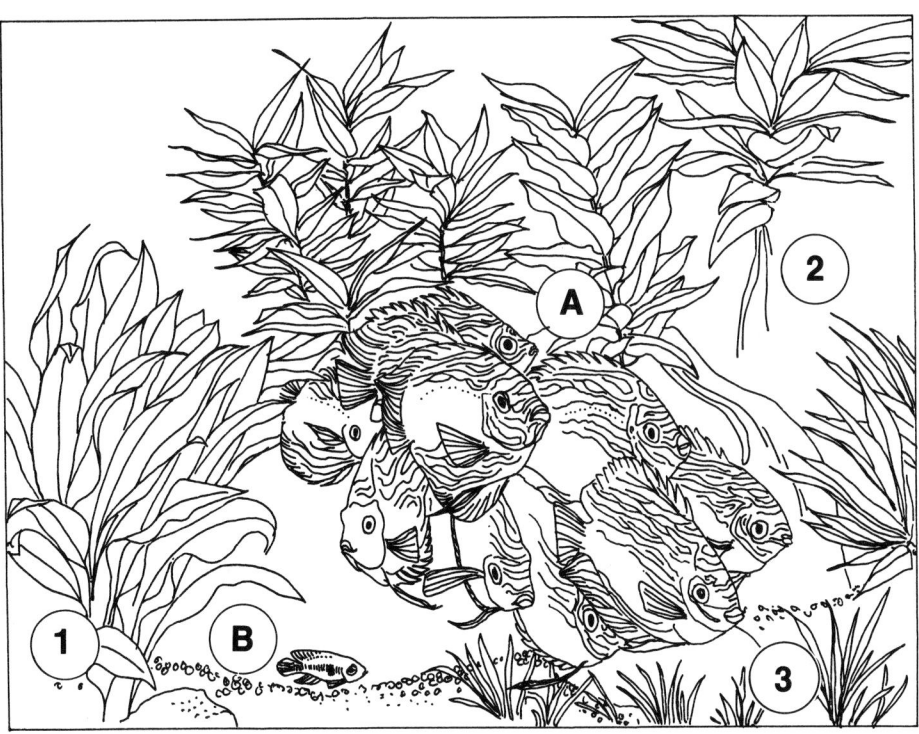

Warum diese Pflanzen?

Discus lieben hohe Temperaturen, deshalb ist es wichtig, Pflanzen zu finden, die diese lange Zeit aushalten und dabei auch noch gedeihen. Wie man sieht, wächst der Riesenwasserfreund sehr kräftig und die Breiten Amazonaspflanzen treiben viele neuen Blätter. Der großflächige Sandboden wird von dem sich rasch durch Seitentriebe vermehrenden Zwergpfeilkraut bedeckt.

Das Wasser

Temperaturbereich um 28 °C, sehr weich, Leitungswasser mit AquaSafe aufbereiten, ToruMin zugeben, pH-Wert leicht sauer. Zu hartes Wasser muß entsalzt werden.

Die Beurteilung

Am besten für die bei der Diskushaltung und Zucht dringend erforderliche Hygiene ist es, Sand am Boden mit Silikonkautschuk anzukleben und die Pflanzen in Töpfen zu halten. Nach der Verwendung von Silikonkautschuk muß das Becken lange in fließendem Wasser ausgespült werden. Auch läßt man besser vor Einsetzen der Diskus die Pflanzen mehrere Wochen im gut durchlüfteten Aquarium einwachsen. Diskusfische stellen hohe Ansprüche an die Ernährung und an die Sauberkeit, deshalb ist vor allem die Diskuszucht nur etwas für Fortgeschrittene mit viel Zeit.

Die Technik siehe Seite 108.
A, B, G, H, K oder L, M, O, P, Q

Die Technik

A
Beleuchtung
Mindestens 2 Leuchtstoffröhren
normal 0,5 Watt/Liter
Energiesparende Leuchtstoffröhren ca. 0,1 Watt/Liter
Lichtfarbe 15 und/oder 32
Kombination für besseres Pfanzenwachstum
15 oder 32 + violette Pfanzenlampe

B
Belüftung bei Nacht
Pumpe mit möglichst großer Leistung + Zeitschaltuhr
Tetra-Prestigeluftpumpe 500, Leistung 180–600 l/h, 5 W

C
Belüftung bei Tag und Nacht
Pumpe mit möglichst großer Leistung
Tetra-Prestigeluftpumpe 500, Leistung 180–600 l/h, 5 W

D
Bodenverbesserung
Tetra Initial D: in den Boden einarbeiten für besseres Pfanzenwachstum

E
Biologischer Filter
Tetra-Billi-Filtereinsätze sind bioaktiv

F
Luftbetriebene Filter
Modell bis 30 Liter Aquarieninhalt Tetra-Brillant-Filter
Modell bis 100 Liter Aquarieninhalt Tetra-Brillant-Super

G
Motorfilter (leistungsfähiger)
Fördermenge: pro Stunde sollte Aquarieninhalt einmal umgewälzt werden. Regelmäßig reinigen, damit bei einem Stillstand oder einer Verstopfung keine Fäulnis entsteht!

H
Filterfüllung: Torf + Watte; Torf säuert das Wasser an, es entsteht ein Aquarienwasser, das dem südamerikanischen Schwarzwasser ähnelt.
Qualitätsvoraussetung: Keinen Gartentorf verwenden! Nur speziellen Aquarientorf verwenden und Wattefilter vorschalten.

I
Filterfüllung Watte
Nur Aquarien-Filterwatte verwenden!

K
Heizstab mit Regler

L
Heizmatte
Tetra Plan und Tetra Stat: Die Heizmatte unter dem Aquarium sorgt für gleichmäßige Erwärmung. Vorteile: Elektrizität kommt nicht mit dem Wasser in Berührung. Nur der Heizfühler, der elektrisch ungefährlich ist, gelangt ins Aquarium.

M
Ionenaustauscher
Tetra Aqua Top erlaubt Ionenaustausch direkt im Aquarium.
Bei Wasseraufbereitung mit anderen Geräten Wasser vor Verwendung eine Nacht gut durchlüften!

N
Kohlensäuredüngung
Tetra CO_2 System.
Grund: Pflanzen wachsen wesentlich besser. Nachts unbedingt durchlüften!

O
Temperaturkontrolle
Ohne Temperaturkontrolle geht es nicht. Einige Grad Temperatur-Abweichung kann bereits Pflanzen zum Absterben bringen oder Fische anfällig gegen Krankheiten machen.
Tetra-Thermometer

P
Wassertestmethoden
Tetra Testreihe für Ammoniak NH_3, Nitrit (NO^2), Nitrat (NO^3), GH, KH, GH+KH, pH I (pH 4,8–7,5), pH II (pH 7,5–9,0), CO^2, O^2.
Ein Wassertest zur rechten Zeit kann das Kippen des Aquariums mit großen Verlusten verhindern.

Q
Zeitschaltuhr
Sollte zur Regelung des Lichtes bei Tag und der Belüftung bei Nacht die entsprechenden Geräte mit Strom versorgen; zwei Steckdosen erforderlich, da Licht- und Belüftungsregelung unabhängig voneinander erfolgen muß.
Tetra-Yet-Primus-Grundreiniger ist zum Absaugen von Mulm aus strömungstoten Winkeln bestens geeignet.
Der Tetra-Rapid-Scheibenreiniger sorgt für klare Sicht!

A

abaxial von der Achse abgewandt

Abbreviaton Abkürzung

Abdomen bei Wirbeltieren: Bauch bei Insekten: Hinterleib

abdominal zum Abdomen gehörend

aberrant von der Norm abweichend

Abiogenesis Urzeugung

abiotisch unbelebt

aboral von der Mundöffnung abgewandt

Abortus Fehlgeburt

Abrasion Abschabung

Absorption Aufsaugung, Aufnahme; bei Energie meist mit Schwächung verbunden

Abundanz Überfluß

Abyssal Bodenregion der Tiefsee

acephal ohne sichtbaren Kopf

acetogen säurebildend

achlemydeisch nacktblütig, d.h. Blüten, die weder Kelch noch Krone besitzen

Acidität Säuregrad eines Stoffes

acidophil säureliebend

acidophob säuremeidend

Acidophyten Pflanzen, die auf saurem Substrat wachsen

Acropodium Skelett der Finger und Zehen

Actinula freischwimmende Larvenform von Nesseltieren

Adaption Anpassung

adaxial der Achse zugewandt

adenotrop die Sekretion von Drüsen beeinflussend

Adhäsion Anhaftung, Anlagerung

Adoleszenz Endphase des jugendlichen Alters

abaxial Die Augen der Flunder *Platichthys flesus*.

Bio-Lexikon

adont zahnlos

adoral nahe der Mundöffnung

Adsorption Ansaugung

adult erwachsen

Adventivsproß nicht vorgesehene Sproßbildung, z.B. nach Verwundung einer Pflanze oder Stockausschläge gefällter Bäume

Adventivwurzel nicht vorgesehene Wurzelbildung, z.B. nach Verwundung einer Pflanzenwurzel

Aerenchym lockeres, lufthaltiges Gewebe bei Pflanzen

aerob Stoffwechselvorgänge, die an Anwesenheit von Sauerstoff gebunden sind

Aerotropismus der Luft zugewendet, z.B. typisches Verhalten von Wurzeln, die gut durchlüftetem Boden zustreben

Affinität Verwandtschaft, d.h. bevorzugte Zuwendung zu verwandten Stoffen oder Lebewesen

Agamogonie Fortpflanzung ohne Befruchtung

Agenesie fehlende Anlage eines Körperteils

Aggregation einfache Scheingesellschaft, die ohne soziale Bindung entsteht, z.B. Ansammlung von verschiedensten Tieren an einer Wasserstelle

Aggression Angriff

Aggressionshemmung Angriffshemmung durch Signale, z.B. Demutsgebärden

Aggressivität Angriffsbereitschaft

Agonistisches Verhalten Kämpferische Auseinandersetzung im Gegensatz zu kooperativem Verhalten

aitionom durch äußere Ursachen hervorgerufene Bewegung

Akinese Bewegungshemmung, Bewegungslosigkeit

Akineten dickwandige Überdauerungszellen von Algen

Akkumulierung Anreicherung

akrodont am Kieferrand befestigte Zähne bei Fischen und Amphibien

akrokarp bei Moosen: Anlage von Sporenbehältern am Gipfel der Stämmchen

akrokont Zellen mit Geißel am Vorderende

akropetal Entstehung der Seitenanlagen bei Pflanzen (Sprosse, Fiedern etc.) von der Basis zur Spitze

Akropodium Skelett der Finger und Zehen

Akrotonie stärkeres Wachstum der endständigen Knospen eines Jahrestriebes bei Pflanzen

aktinomorph radiärsymmetrische Blüten, die sich durch beliebige, rechtwinklig zur Längsachse geführte Schnitte spiegelgleich teilen lassen

Aktionsraum begrenzter Lebensraum, der einem Tier oder einer Gruppe die nötigen Lebensansprüche erfüllt

Aktivatoren Hilfsstoffe, die nötig sind, um biochemische Vorgänge möglich zu machen

Akzeleration Beschleunigung

Albinismus Pigmentmangel

Albino pigmentloses Lebewesen

Aleuron ausgefälltes Reserveprotein in Samen und Fruchtwänden vieler Pflanzen

Algizide algentötende Mittel

Algologie Lehre von den Algen

Algophyticum Erdzeitalter vor dem Erdaltertum, gekennzeichnet durch die Entwicklung niederer Pflanzen (Algen), beginnend vor etwa 3 Milliarden Jahren

alkalische Reaktion basische Reaktion zwischen dem Neutralpunkt pH 7 und pH 14

Alkaloide organische, basisch reagierende Wirkstoffe vieler Pflanzen

Aggressivität Kampffische *Betta splendens*.

Bio-Lexikon

alkalophil bei Pflanzen: kalkliebende Arten, bei Mikroorganismen: solche, die alkalisches Milieu benötigen oder bevorzugen

Allelopathie bei Pflanzen: Ausscheidung arteigener Stoffe, die das Wachstum anderer Arten hemmen

Allergene Stoffe, die allergische Reaktionen bewirken

Allergie Überempfindlichkeit gegenüber bestimmten Stoffen

allochthon Lebewesen, mineralische und organische Stoffe, die nicht am Fundort beheimatet sind

Allokarpie Fruchtbildung durch Fremdbestäubung

allopatrisch nahe verwandte Arten, die verschiedene Lebensräume bewohnen

allothigen Stoffe, die außerhalb des Organismus entstanden und z.B. durch Nahrungsaufnahme zugeführt werden

allotroph Organismen, die sich durch Stoffaufnahme ernähren, im Gegensatz zu den meisten Pflanzen, die von der Photosynthese leben

Alluvium alte Bezeichnung für die erdgeschichtliche Jetztzeit

Altersresistenz erhöhte Widerstandskraft älterer Lebewesen gegen Parasiten

Altruismus in der Verhaltensforschung Bezeichnung für offensichtlich uneigennütziges Verhalten von Lebewesen

Alveole Höhlung im Kieferknochen zur Aufnahme der Zahnwurzel

Ambivalenz in der Verhaltensforschung unterschiedliche Bewertung einer Situation zweier Lebewesen

Ambra wachsartiges, wohlriechendes Ausscheidungsprodukt des Pottwals

Amelie auf Störung in der Embryonalentwicklung zurückzuführendes Fehlen von Gliedmaßen

Amelioration Verbesserung, z.B. bei Ackerböden

Aminosäuren Baustoffe lebensnotwendiger Eiweiße, die teils vom Körper selbst synthetisiert oder durch Nahrung aufgenommen werden (essentielle Aminosäuren)

Amixie durch Isolationsmechanismen bewirktes Nichtzustandekommen von Paarungen innerhalb einer Art

Ammonit Schalentintenfische, gegen Ende der Kreidezeit ausgestorben, mit Ausnahme des Nautilus

amorph formlos

amphiatlantisch Tier- und Pflanzenarten, die beide Seiten des Atlantik besiedeln

amphibisch sowohl im Wasser als auch auf dem Lande lebend

amphikarp Pflanzen, deren Fruchtentwicklung sowohl oberirdisch als auch unterirdisch stattfinden kann

amphipazifisch Tier- und Pflanzenarten, die beide Seiten des Pazifik besiedeln

Amphiphyt Pflanze, die sowohl untergetaucht als auch auf dem Lande leben kann

amphistomatisch Blätter mit Spaltöffnungen auf beiden Seiten

Amphitonie Anlage, die dazu führt, daß die Seitenverzweigung nur in einer Ebene stattfindet (z.B. Nadelbäume)

Amyloplasten Stärkebildner in Speicherorganen (z.B. Kartoffel)

Anabiose Fähigkeit von Dauerstadien einiger Organismen, in extrem lebensfeindlichem Milieu zu überleben

Anabolismus aufbauende Stoffwechselreaktionen

anachoretisch in der Isolation lebend

anadrom Bezeichnung für Fische, die zum Laichen vom Meer in Flüsse aufsteigen (z.B. Lachse)

anaerob Vorgänge, die ohne Sauerstoff ablaufen

Anaerobiose Leben ohne Sauerstoff

Anagenese Entwicklungsvorgang, der zu Höherentwicklung führt

anal zum After gehörig

Anale bei Fischen: Analflosse = Afterflosse

Analogie Anpassungsmöglichkeit

Analyse Zerlegung eines Stoffes in seine chemischen Bestandteile

Bio-Lexikon

Anamorphose Entwicklung von Gliedertieren, die unvollständig dem Ei entschlüpfen (z. B. Krebse)

Anastrophe einleitende Phase des Ablaufs einer Entwicklung

anatrop umgekehrte Lage der Samenanlage bei Pflanzen

Androgene männliche Keimdrüsen-Hormone

Androgynie bei Pflanzen: Vorhandensein von männlichen und weiblichen Organen in einer Blüte

Anemochorie Verbreitung von Pflanzensamen durch den Wind

angiokarp bei Pilzen: Geschlossenheit der Fruchtkörper, die Hülle platzt bei Sporenreife

Angiospermen Bedecktsamer, d. h. die Samen entwickeln sich im Schutz einer durch den Fruchtknoten gebildeten Hülle. Die meisten Blütenpflanzen gehören zu den Angiospermen

anisodont Gebiß mit verschieden gestalteten Zähnen

Anisokotylie ungleiche Ausbildung der beiden Keimblätter bei zweikeimblättrigen Pflanzen

Anisophyllie verschieden große Blattbildung in unmittelbarer Nachbarschaft

Annuelle einjährige Pflanzen

Anomalie Abweichung von der normalen Form oder vom normalen Verhalten

anorganisch chemische Elemente mit Ausnahme des Kohlenstoffs, ausgenommen dessen einfache Verbindungen (Karbonate, Oxide etc.)

Anosmie Fehlen des Geruchssinnes

Antennen bei Krebsen das 2. Fühlerpaar

Antennulae bei Krebsen das 1. Fühlerpaar

Anthere bei Pflanzen Staubgefäß = männliches Geschlechtsorgan

Anthese Zeitraum von der Entfaltung der Knospe bis zum beginnenden Verblühen

Anthozoa Blumentiere, Blumenpolypen

Anthropochorie Verbreitung von Pflanzensamen durch den Menschen

anthropogen vom Menschen stammend

Anthropogenie Lehre von der Menschwerdung

Anthropologie Lehre vom Menschen

Antibiose Hemmung oder Abtötung einer Mikroorganismusart durch eine andere

Antibiotika Stoffwechselprodukte einer Mikroorganismusart, die auf eine andere hemmend oder abtötend wirken

Antigene Stoffe, die im Organismus eine Immunreaktion auslösen

Antivitalstoffe Stoffe, die die Gesundheit beeinträchtigen

Anus After

apetal Blüten ohne Blütenkrone

Apex Spitze, d. h. höchster Punkt eines Organs

aphidivor Lebewesen, das sich von Blattläusen ernährt, z. B. Larve des Marienkäfers

aphotisch lichtfrei

Aphyllie in der Botanik: Pflanzen, die keine Blätter bilden

apikal an der Spitze gelegen

apneustisch Lebewesen, vornehmlich Kleinformen von Insekten, die keine Atemöffnungen besitzen und durch die Haut atmen

apod beinlos

apodemisch Tiere und Pflanzen, die über ihr ursprüngliches Heimatgebiet hinaus verbreitet sind

apokarp getrenntfrüchtig

Apomixis Entwicklung eines Embryos ohne Befruchtung, z. B. vegetative Fortpflanzung durch Ausläufer usw.

Apomorphie Auftreten abgeleiteter Merkmale

Appetenz Tendenz zu einem bestimmten Verhalten

Apterie bei Insekten: Flügellosigkeit

Aptychus paariger Kieferapparat bei Ammoniten

aquatisch im Wasser lebend

äquifazial Blätter, die im Querschnitt an Ober- und Unterseite gleich sind

Äquivalenz Gleichwertigkeit

Bio-Lexikon

Archaeophytikum Urzeit in der Entwicklung der Pflanzen

Archaeozoikum Urzeit in der Entwicklung der tierischen Lebewesen

Archegonium weibliches Geschlechtsorgan bei Moosen und Farnen

Archetypus theoretischer Urtyp

Archigenese Urzeugung

Archipterygium Urflosse, entwicklungsgeschichtlich der Ausgangspunkt der Wirbeltier-Extremitäten

arenikol sandbewohnend

arid Bezeichnung für Trockenklimate

Arillus Samenmantel, d.h. Hülle, die bei manchen Pflanzen den Samen umgibt

arktisch Zone nördlich der polaren Baumgrenze

Aromorphose entwicklungsgeschichtliche Umgestaltung von allgemeiner leistungssteigernder Bedeutung

Arrhenogenie Entwicklung ausschließlich männlicher Nachkommen

Arrhytmie Unregelmäßigkeit im Ablauf eines sonst regelmäßig ablaufenden Vorgangs

Artefakt von Urmenschenhand gefertigtes Werkzeug

Arthropoden Gliederfüßler, wie beispielsweise Krebse und Insekten

Arthropodium gegliederte Extremität der Arthropoden (Gliederfüßler)

Articulare Knochen des Unterkiefers, der zusammen mit einem Knochen des Oberkiefers (Quadratum) bei Fischen und anderen Wirbeltieren (mit Ausnahme der Säugetiere) das primäre Kiefergelenk bildet

asexuell geschlechtslos, ungeschlechtlich

Assimilation Umbildung körperfremder Stoffe in körpereigene Substanzen

Assoziation Einheit bei der Beschreibung von Pflanzengesellschaften, die größtenteils aus den gleichen Arten bestehen

Astrotaxis Orientierung von Lebewesen nach Himmelskörpern (z.B. Zugvögel)

Aszendenten Verwandte in aufsteigender Linie

Atavismus Entwicklungsrückschlag, d.h. Wiederauftreten von Merkmalen der Urahnen, die den unmittelbaren Vorfahren fehlen

atelisch zwecklose Bildung, Überspezialisierungen

Atmosphäre Lufthülle der Erde, allgemein Gashülle eines Himmelskörpers

atrop bei Pflanzen aufrechte Stellung der Samenanlage

Atrophie Verkümmerung eines Organismus oder eines Organs

Audiologie Lehre vom Hören

autigen durch den eigenen Organismus gebildet

Autismus in der Verhaltensforschung: Ausschluß sozialer Kontakte, Beschränkung auf eigene Motive

Autochorie bei Pflanzen: selbstausgelöste Verbreitung der Samen

autochthon am Standort beheimatet

Autogamie Selbstbestäubung

Autogonie Urzeugung

Autointoxikation Selbstvergiftung, z.B. durch nicht ausgeschiedene Abbauprodukte

Autokarpie Fruchtansatz nach Selbstbestäubung

Autotomie Selbstverstümmelung, z.B. Abwerfen des Schwanzes bei Eidechsen

Autotrophie Ernährung durch anorganische Stoffe z.B. Kohlendioxyd – Assimilation der Pflanzen

Auxine Wuchsstoffe

Aversion Abneigung

Axenie bei Pflanzen: passive Resistenz gegenüber Parasiten

axial in Richtung der Achse gelegen

axillar blattachselständig

B

Bakteriocine Absonderungen von Bakterien, die verwandte Stämme abtöten

Bakteriologie Lehre von den Bakterien

Bakteriophagen Viren, die Bakterien infizieren und sich dann vermehren

Bakteriostatika Stoffe, die das Wachstum von Bakterien hemmen

Bakteriotoxine von Bakterien erzeugte Giftstoffe

Bakterizide Stoffe, die Bakterien abtöten

basal an der Basis gelegen

Basalplatte Fußplatte bei Korallen

Basen Stoffe, die in wässriger Lösung alkalisch reagieren

basipetal bei Pflanzen Seitenanlagen, die von der Spitze zur Basis fortschreiten

basiphil alkaliliebend

Basiphyten Pflanzen, die alkalische Böden bevorzugen

Basitonie besondere Neigung des Wachstums der basalen Knospen

Basizität meßbare Stärke einer Base

Bathyal lichtarme bzw. lichtlose Tiefenzone des Meeres

Belemnit ausgestorbene zehnarmige Kopffüßler (Cephalopoden). Fossile Überreste bestehen im allgemeinen nur aus dem endständigen Rostrum

Benthal Bodenbereich der Gewässer

Bernstein fossiles Harz von Nadelbäumen

bicarinat zweikielig

bifazial Blätter, deren Mittelschicht in ein Schwamm- und ein Palisadenparenchym geteilt sind, die also im Querschnitt nicht seitengleich sind

bilateral Organe, die durch einen Schnitt in zwei spiegelgleiche Teile zerlegt werden können

binäre Nomenklatur zweiteilige wissenschaftliche Bezeichnung, bestehend aus Gattungsnamen als Substantiv und aus Artnamen als Adjektiv

Biochorion Konzentrationsstelle für gewisse Individuen innerhalb eines Biotops

Bioelemente chemische Stoffe, die am Aufbau eines Organismus maßgebend beteiligt sind

Bioenergie Energie, die aus biologischer Grundmasse gewonnen wird (z.B. Biogas)

Biofazies Gesteine, die durch eine besondere Fossilzusammensetzung geprägt sind

biogen von lebenden Organismen stammend

Biogenese Entstehung und Entwicklung von lebenden Organismen

Bioglyphe fossile Lebensspur, wie beispielsweise Trittsiegel von Sauriern oder Fußabdrücke von Vögeln

Biokatalyse Verminderung der zum Ablauf eines Lebensvorgangs nötigen Anfangsenergie durch Enzyme. Der Vorgang selbst wird dadurch beschleunigt

Biolith biogenes Sediment

Biolumineszenz Erzeugung von Licht durch lebende Organismen ohne Temperaturveränderung (z.B. Meeresleuchten durch Algen, Lichterzeugung durch Glühwürmchen usw.)

Biomechanik Analyse von Konstruktionen der Tiere und Pflanzen durch technische Begriffe

Biomedizin Naturheilkunde

Biometereologie Einflüsse des Wetters auf Mensch, Tier und Pflanze

Biometereologie Der Schlammpeitzger *Misgurnus fossilis* holt besonders vor Gewittern vermehrt Luft.

Biometrie mathematische Methoden zur Erfassung von Lebensvorgängen

Biomineralisation Entstehung mineralischer Stoffe durch lebende Zellen (z.B. Muschelschalen, Zähne, Knochen usw.)

Biomoleküle Stoffwechselprodukte lebender Zellen (z.B. Aminosäure)

Biophagen Tiere, die sich von lebender organischer Substanz ernähren

Biorhythmik selbsterzeugte regelmäßige Vorgänge in lebenden Organismen

Biosphäre der gesamte von lebenden Wesen bewohnte Teil der Erde von der Tiefsee bis zum belebten Luftraum

Biostatika Inhaltsstoffe von Pflanzen, die eine Resistenz gegen Schädlinge oder Krankheiten verleihen

Biosynthese Aufbau von organischen Stoffen durch biologische Vorgänge

biotisch durch Lebewesen beeinflußter Vorgang

Biotop Lebensraum von Pflanzen und Tieren mit typischen Umweltbedingungen

Biozide Stoffe zur Bekämpfung schädlicher Lebewesen

Biozone Zeitspanne, entsprechend der vertikalen Verbreitung bestimmter Organismen im Gestein

Biozönose Lebensgemeinschaft, gekennzeichnet durch bestimmte Faktoren

Bipedie Fortbewegung von Wirbeltieren unter hauptsächlicher Benutzung der hinteren Extremitäten (z.B. Känguruh oder, in höchster Vollendung, der Mensch)

bipolar zweipolig

biserial in zwei Reihen angeordnet

Bisexualität Zweigeschlechtlichkeit

bisulcat mit zwei Furchen ausgestattet

Bitumen brennbare Stoffe, entstanden aus fossilem Eiweiß und Fettsubstanzen. Bitumen gibt es in flüssiger Form (Erdöl) oder in fester Form (z.B. Asphalt)

bivoltin Tiere, die im Ablauf eines Jahres zwei Generationen durchlaufen

Blastocyste bei Säugetieren Bezeichnung für ein Embryonalstadium

Blastocyten embryonale Zellen, die noch nicht voll differenziert sind

Blastoderm Keimhaut

Blastogenese Emtstehung von Individuen durch Sprossung oder Knospung

Blastula Blasenkeim, d.h. frühes Entwicklungsstadium vielzelliger Tiere

Blattprimordium Blattanlage

Blattranke zu Ranke umgewandeltes Blatt

Blattsukkulenz pflanzliches Speichergewebe für Wasser (z.B. Kakteen)

Bonebed Sediment mit starker Anreicherung von Knochen, Zähnen, Schuppen etc. aus dem Flachmeerbereich

boreal kalt gemäßigtes Klima

Botanik Lehre von den Pflanzen

brachial zum Arm gehörig

Brachiopoden Armfüßler, zweischalige, meist festsitzende Meerestiere; sehr wichtig als Leitfossilien

brachyodont gut bewurzelte Zähne mit niedriger Krone

Brachyopterygium charakteristischer Typ der paarigen Flossen bei Flösselaalen und Flösselhechten

Brachyopterygium Flösselhecht
Polypterus ornatipinnis.

Bio-Lexikon

Brachypterie Verkümmerung der Flügel bei Insekten

Brackwasser Wasser mit wechselndem Salzgehalt, der aber immer größer ist als im Süßwasser und geringer als im Meerwasser

bradytelisch langsam verlaufende Entwicklung im Zuge der Evolution

Branchialskelett Kiemenskelett

Branchien Kiemen

branchiopneustisch Atmung von wasserlebenden Insekten über Tracheenkiemen

Branchiostegalmembran Kiemenhaut

Breccie durch Druck verfestigtes körniges Sedimentsgestein

brevicon kurzkegelig

Bryologie Mooskunde

buccal zur Backe gehörig

bunodont Backenzähne mit höckeriger Krone

Byssus Die gemeine Miesmuschel *Mytilus edulis*.

Buntsandstein Abschnitt der unteren Trias-Formation

Byssus Sekret aus dem Fuß vieler Muscheln. Bildet den Byssusfaden, mit dem sich Muscheln an Fremdkörpern anheften können

C

C 14 radioaktives Kohlenstoffisotop, welches zur Altersbestimmung nach der Radio-Karbon-Methode benutzt wird

cadicon breitmündiges Ammoniten-Gehäuse mit tiefem Nabel

Cal Abkürzung für Kalorie

calciphil Pflanzen, die kalkhaltige Böden bevorzugen

Calyx bei Pflanzen: Blütenkelch

campylotrop bei Pflanzen: quer liegend gekrümmte Samenanlage

cancerogen krebserzeugend

Caninus Eckzahn, Reißzahn

Canthaxanthin roter Farbstoff, der, mit der Nahrung aufgenommen, in Vogelfedern vorkommt (z.B. Flamingo)

Calsaicin scharfschmeckender Inhaltsstoff von Paprikagewächsen

Capsanthin roter Farbstoff des Paprikas

Caput Kopf

Carapax Krebspanzer, bei Schildkröten der Rückenteil des Knochenpanzers

Carbonate Salze der Kohlensäure

Carcinogene krebserzeugende Stoffe

Cardiotoxine Herzmuskelgifte

carinat gekielt

Carnivora fleischfressende Tiere

carnivore Pflanzen fleischfressende Pflanzen

Carotin pflanzlicher, roter Farbstoff

Carotinoide gelbe, rote oder purpurfarbene Pigmentstoffe, die im Tier- und Pflanzenbereich weit verbreitet sind

Carotis Halsschlagader

Carpus Handwurzel

Casein Hauptkomponente der Milchproteine

caudal zum hinteren Körperende gehörend

Caudalis Schwanzflosse

Cauliflorie Stammblütigkeit, d.h. Blüten entwickeln sich direkt am Stamm oder dickeren Ästen

Cavum Bezeichnung der Körperhohlräume

Cellula Zelle

Cephalium endständiger Schopf bei manchen Kakteen, aus welchen Blüten gebildet werden

Cephalon Kopfschild der Trilobiten

Cephalopoden Kopffüßler (Tintenfische). Auch die ausgestorbenen Ammoniten und Belemniten gehören zu dieser Klasse

Ceratiten Ordnung der Ammoniten, die im Perm auftraten und in der Trias vorherrschten

ceratophag hornfressend (z.B. einige Insektenlarven)

Cerci paarige Anhängsel am letzten Körpersegment mancher Insekten

Cerebrum Gehirn

Cervix Gebärmutterhals

Chamaephyten Zwergsträucher

Chasmogamie Bestäubung einer geöffneten Blüte (Gegensatz: Kleistogamie)

Chela Schere bei Krebsen und anderen Gliederfüßlern

Chela Die Winkerkrabbe *Uca* hat eine vergrößerte Schere.

Chemie Lehre von den Stoffen

Chemotaxis Bewegungsreaktion freibeweglicher Organismen auf chemische Stoffe

Chiropterygium Hand- und Fußskelett der Landwirbeltiere

Chitin äußere Stützsubstanz bei Gliederfüßlern (Insekten, Krebse u.a.)

Chlorantie Grünwerden von Blütenteilen

Chlorophyll Blattgrün

Chloroplasten durch Chlorophyll grüngefärbte Inhaltsteile der Pflanzenzellen

Chlorose Verbleichen der Blattsubstanz von Pflanzen

Choanen innere Nasenöffnungen bei Wirbeltieren, die die Verbindung zwischen Nasen- und Mundhöhle herstellen

Cephalopoden Gemeiner Tintenfisch *Sepia officinalis*.

Cephalothorax Verschmelzung von Kopf und einigen Körpersegmenten bei Krebsen und Spinnentieren (Kopf-Brustpanzer)

Bio-Lexikon

cholophag Tiere, die sich von gelähmter Beute ernähren (Larven von manchen Spinnen und Insekten)

Chondrichthyes Knorpelfische

Chondrichthyes Großgefleckter Katzenhai *Sciliorhinus stellaris* und Nagelrochen.

Chondrocranium aus Knorpel bestehender Schädel, z.B. bei Haien

Chondrostei Knorpelganoiden, Fische mit weitgehend verknorpeltem Innenskelett. Von rezenten Fischen gehören hierzu die Störe

Chorda dorsalis stabförmiges Rücken-Stützelement bei primitiven Tieren, wird bei höher entwickelten Tieren mehr und mehr durch die Wirbelsäule ersetzt

Chordata Stamm des Tierreiches, der sich aus den 3 Unterstämmen der Manteltiere (Tunicata), der Schädellosen (Acrania) und der Wirbeltiere (Vertebrata) zusammensetzt

choripetal Blüten mit freiblättriger Blütenkrone

chorisepal Blüten mit freiblättrigem Kelch

Chorologie Lehre von der räumlichen Verbreitung der Organismen

Chromatophoren in der Botanik: Sammelbegriff für die farbigen Inhaltsstoffe der Pflanzenzelle. In der Zoologie: pigmenthaltige Zellen in der Haut von Tieren

Chromoplasten rot, orange oder gelblich gefärbte Inhaltsteile der Pflanzenzelle

Chromosomen Kernfäden. Träger der Erbanlagen

Chronometrie Zeitmessung

Ciliata Wimpertierchen

Cilien Flimmerhaare, Wimpern, bestehend aus härchenartigen Plasmafortsetzungen, die der Fortbewegung dienen

Cirren tentakelartige bewegliche Körperanhänge von Seelilien und anderen Tieren

Citrate Salz der Zitronensäure

Clavicula Schlüsselbein

Cleithrum bei Fischen: paariger Deckknochen im oberen Schultergürtel-Bereich

Coccolithen durch Kalk-Flagellaten erzeugte Plättchen aus Calcit. Bilden oft große Kalkablagerungen (z.B. Schreibkreide)

Coelenterata Hohltiere

Coelenterata Rote Seescheide *Halocynthia papillosa*.

coelodont bei Reptilien: Zähne mit Pulpahöhle

Coenobionten Tier- und Pflanzenarten, die nahezu ausschließlich in einem bestimmten Biotop vorkommen und somit als Charakterarten gelten können

coenokarp bei Pflanzen: verwachsenblättriger Fruchtknoten

Coexistenz Nebeneinanderleben verschiedener Arten

Colchicin giftiger Inhaltsstoff der Herbstzeitlosen

Colchicin Das Gift der Herbstzeitlosen *Colchicum autumnale* hemmt die Zellteilung.

Coleoptile scheidenförmiges Hüllorgan bei Embryonen von Gräsern

Coniferae Nadelgehölze

Coniin giftiger Inhaltsstoff der Schierlinge

Conodonten zahnartige Mikrofossilien

Convallatoxin Giftstoff des Maiglöckchens

Copepoda Ruderfußkrebse

Corium unter der Epidermis liegende Hautschicht

Cortex Rinde

Cosmoidschuppen vierschichtiger Schuppentyp bei primitiven Quastenflossern und Lungenfischen

costat mit Rippen versehen

Cranium Schädelskelett der Wirbeltiere

Crocin Safranfarbstoff in Krokus-Arten

Chromagnide jungeiszeitliche Menschenrasse (etwa 35 000 Jahre alt)

Crotoxin Gift der Klapperschlange

Crustacea Krebstiere

Cryptogamae blütenlose Pflanzen (Algen, Pilze, Moose, Farne)

Cryptogamae *Marsila* ist ein Farn und kein Klee, obwohl seine Blätter Glückskleeform haben.

Ctenoid-Schuppen Kammschuppen, am Hinterrand gezähnt

Curare indianisches Pfeilgift

Cuticula bei Pflanzen: Wachsschicht über der Epidermis

Cutis Haut der Wirbeltiere

Cyanophyceae blaugrüne Algen

Cycloid-Schuppen Rundschuppen

Cysten Dauerformen bestimmter Organismen, die ausgebildet werden, um ungünstige Lebensverhältnisse zu überstehen. Manche Cysten dienen auch als Zwischenstadium der Vermehrung

Cytokinese Zellteilung

Cytologie Lehre von den Zellen

Bio-Lexikon

Cytolyse Zerstörung der Zellmembrane und Auflösung der Zelle oder eines Zellverbandes

Cytoplasma Zelleninhalt ohne Zellkern

Cytostatica Medikamente, die das Wachstum bösartiger Zellen hemmen

Cytostom Zellmund, dient bei Einzellern der Nahrungsaufnahme

Cytotoxine Zellgifte

D

Darmatmung Aufnahme des Sauerstoffs über das Schleimhautepithel des Enddarmes (Steinpeitzger, Schlammpeitzger, südamerikanische Welse). Luft wird durch den Mund aufgenommen und über den After abgegeben

Darmfauna Gesamtheit der tierischen Organismen, die den Darm besiedeln

Darmflora Gesamtheit der im Darm regelmäßig nachweisbaren Bakterien

Darwinismus Evolutionstheorie, Abstammungslehre, die alle Arten auf eine gemeinsame Ahnenart zurückführt

Dauerformen Organismen, die sich über lange erdgeschichtliche Perioden hin fast unverändert erhalten haben (z.B. Pfeilschwanzkrebs, Ginkgo-Baum, Libellen etc.)

Decapoda Zehnfußkrebse. Vielgestaltige Ordnung der Krebstiere mit meist großen Vertretern

Dauerformen Pfeilschwanzkrebs *Limulus polyphemus.*

Darmatmung *Corydoras napoensis* Napo Panzerwels steigt zum Luftholen an die Wasseroberfläche.

Defäkation Ausscheidung unverdaulicher Nahrungsreste über Enddarm und After

Degeneration Entartung

Dehydrierung Entzug von Wasserstoff aus einer chemischen Verbindung

Demographie Bevölkerungswissenschaft

Demutsgebärde angriffshemmendes Signal

Dendriten Scheinfossilien, die Moos oder kleinen Bäumchen gleichen. Entstanden durch Eindringen mangan- oder eisenhaltiger Lösungen in Gesteinsschichten

Dendrobionten Organismen, die auf Stämmen, in Holz oder zwischen Rinde und Holz leben

dendroid baumartig verzweigt

Dendrologie Lehre von den Gehölzen

Denitrifikation Abbau des Stickstoffs

Dentale bezahnter Unterkieferknochen der Wirbeltiere

Dentin Zahnbeingewebe. Bildet die Hauptmasse der Wirbeltierzähne

depressiform abgeplattet, abgeflacht, zusammengedrückt

Derivat Abkömmling, Ableitung

Derma Haut

Desinfektion Abtötung von Krankheitserregern

Deszendenz Herkunft, Nachkommen

Deszendenztheorie Abstammungslehre

Determination Bestimmung (z.B. Artzugehörigkeit)

Detritus organisches Abfallmaterial

Deviation Abänderung eines Entwicklungsablaufes

devolut sich in den Umgängen nicht berührende Schneckenhäuser

dexiotrop rechtsgewunden (z.B. bei Schneckengehäusen)

Diagenese Umbildung von lockeren Sedimenten in feste Gesteine

Diagnose Erkennung, z.B. von Krankheiten

Diaphragma Scheidewand (Zwerchfell)

Diatomeae Kieselalgen

dichostichal zweizeilig

dichotom gabelig verzweigt

dicyclisch Blüte mit zwei Blütenblattkreisen

didynamisch Blüten mit zwei längeren und zwei kürzeren Staubgefäßen

Diffusion Transport von Molekülen gemäß einem Konzentrationsgefälle von höherer zu niedrigerer Konzentration

digital Finger oder Zehen betreffend

digitat fingerförmig

Digitoxin Gift der Digitalis (Fingerhut)

Digitus Finger, Zehe

digyn zweigrifflige Blüte

Dikotyledonen zweikeimblättrige Pflanzen

Dilatation Erweiterung

Diluvium ältere Bezeichnung für Pleistozän, d.h. jüngere erdgeschichtliche Zeit mit den verschiedenen Eiszeiten

Dimorphismus Vorkommen von verschieden gestalteten Formen innerhalb einer Art, z.B. Geschlechtsdimorphismus

Dinosaurier Bezeichnung für die großen Reptilien des Erdmittelalters

diözisch zweihäusig, d.h. männliche und weibliche Blüten getrennt auf verschiedenen Individuen einer Art

diplostemon Blüten mit doppeltem Staubblattkreis

discoid scheibenförmig

Dissimilation nächtliche Atmung der Pflanzen, wobei Sauerstoff aufgenommen und Kohlendioxid abgegeben wird

distal vom Mittelpunkt entfernt gelegen

Distanz Abstand, Entfernung

Distribution Verbreitung

Diurese Harnausscheidung

Divergenz Unterschiede in Merkmalen und Anpassung

Diversifizierung Verschiedenheit

Diversität Artenreichtum

Divisio Abteilung

Dogger mittlerer oder auch brauner Jura

dolichocephal schmalschädelig

Domestikation Zähmung, Umwandlung vom Wildtier zum Haustier

Bio-Lexikon

Dominanz Überlegenheit

Donnerkeil Belemniten bzw. deren versteinertes Rostrum

Doping Erhöhung der Leistungsfähigkeit durch Drogen

dorsad zum Rücken gerichtet

dorsal zum Rücken gehörig

Dorsale Rückenflosse

dorsiventral Tiere, Pflanzen oder deren Teile, wenn nur eine Symmetrieebene vorliegt, deren beide Teile spiegelgleich sind

Druse mit Mineralien teilweise gefüllter Hohlraum im Gestein

Dubiofossilien Fossilien mit unsicherer systematischer Zuordnung

Duodenum Zwölffingerdarm

Duplikation Verdoppelung

Durodentin die harte Oberschicht der Zähne von vielen Fischen und Reptilien

Durophagie Ernährung durch hartschalige Beutetiere

dystrop Bezeichnung für Insekten, die Blüten anfressen und damit zerstören

E

Echinodermata Stachelhäuter (Seesterne, Seeigel, Seelilien)

Echinoiden Seeigel

Edaphon Lebensgemeinschaft der Bodenorganismen

Eiszeit Abschnitt der Erdgeschichte mit Vereisung

Ektoderm äußere Körperschicht bei Hohltieren (Coelenteraten)

Ektoparasiten Außenschmarotzer

ektopisch an ungewohnter Stelle

Ektoplasma Außenplasma

Ektosymbiose Zusammenleben von Lebewesen mit gegenseitigem Nutzen, bei dem der Symbiont außerhalb des Wirtes lebt

Elaioplasten Zellinhaltskörper, die Fette und Öle speichern

Elasmobranchii Unterklasse der Knorpelfische, zu der Haie und Rochen gehören

Ektosymbiose Einsiedlerkrebs *Pagurus arrosor* mit Schmarotzerrose *Calliactis parasitica*.

Elasmoid-Schuppen Schuppen aus Knochensubstanz bei Knochenfischen

Elektrolyte Stoffe, die in wässriger Lösung gespalten als positive und negative Teilchen (Anionen und Kationen) vorliegen

Elektron Elementarteilchen mit negativer Ladung

Elimination Beseitigung, Ausmerzung

eluieren herauslösen

Embryo bei Pflanzen: Keimling
bei Tieren: Organismus, der sich aus der Eizelle entwickelt. Das Wort Embryo trifft zu bis zur ersten selbständigen Nahrungsaufnahme

Embryogenese Embryonalentwicklung

Emergenzen Anhangsgebilde von Blättern und Sprossen, die nicht nur der Epidermis, sondern auch tiefer gelegenem Gewebe entspringen (z.B. Stachel der Rosen, Brennhaare der Brennessel usw.)

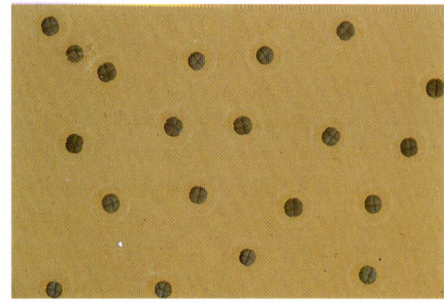

Embryogenese Riedfroscheier bei der Zellteilung.

Elasmobranchii Augenfleckstechrochen *Potamotrygon motoro*.

emers Pflanzen, die im seichten Wasser oder im feuchten Schlamm wurzeln, ihre Organe aber über die Wasseroberfläche erheben

Emigration Auswanderung

Emission Aussendung

Emotion innere Erregung, innerer Antrieb

Emulsion feinste Vermischung von ineinander nicht löslichen Flüssigkeiten

Encephalon Gehirn

endemisch in begrenztem räumlichen Areal lebend

Endobionten Organismen, die innerhalb von Sedimenten leben

Endodermis bei Pflanzen: Trennschicht im inneren Gewebe

Endogamie sexuelle Fortpflanzung nahe verwandter Individuen (z. B. Inzucht)

endogen im Innern entstanden

Endokarp innere Schicht der Fruchtwand

endokrin Absonderung von Drüsenwirkstoffen, die ins Blut abgegeben werden

endolithisch in der obersten Gesteinsschicht lebend (z. B. Flechten)

Endoparasiten Innenparasiten, Innenschmarotzer, die ausschließlich in inneren Organen bis hin zum Inneren der einzelnen Zelle leben

Endophyten niedere Pflanzen und Bakterien, die im Inneren anderer Organismen leben

Endoskelett Innenskelett

Endosperm Nährgewebe im Inneren des Pflanzensamens

Endospor innere Schicht der Sporenwand

Endosporen Sporen, die innerhalb einer festen Hülle gebildet werden

endotherm chemische Vorgänge, die Wärme verbrauchen

Endoxylophyten niedere Lebewesen, die als Parasiten im Holz von Wurzeln oder Stamm leben

Englyphen Eindrücke im Sediment, die durch physikalische Einflüsse und nicht durch Lebewesen entstanden sind

Entomogamie Bestäubung durch Insekten

Entomologie Insektenkunde

Entomophagen Insektenfresser

Environtologie Lehre von den Auswirkungen von Maßnahmen auf die Umweltverhältnisse

Enzyme Eiweißstoffe, die im Körper bei chemischen Umsetzungen die Rolle eines Katalysators übernehmen, daher auch die Bezeichnung Biokatalysatoren

Enzymologie Enzymkunde

Enzymopathie Enzymmangelerkrankung

Eokambrium frühes Erdzeitalter, das zwischen Präkambrium und Kambrium liegt (ca. 600 Mio. Jahre vor unserer Zeit)

Eozän unteres Zeitalter der Erdneuzeit (beginnend ca. 50 Mio. Jahre vor unserer Zeit)

Eozoikum Erdzeitalter, in dem das erste Leben entstand (beginnend ca. 3,5 Mrd. Jahre vor unserer Zeit)

ephemer Vorgänge, die nur einmal oder in längeren Abständen kurzfristig auftreten, z.B. ephemere Blüten öffnen sich nur einmal, ephemere Gewässer entstehen und vergehen kurzfristig in Radspuren, Gräben und Mulden

Epidermis Oberhaut

epilithisch auf Gesteinsoberfläche wachsend

epinykt Blüten, die sich nur nachts öffnen

Epiphylle auf Blättern wachsende Organismen

Epiphyse 1. Zirbeldrüse, 2. Endstück von Röhrenknochen bei Säugetieren und Reptilien

Epiphyten Pflanzen, die auf Bäumen wachsen, ohne diesen Nährstoffe zu entziehen

episepal über Kelchblättern angeordnet

Epithel Deckgewebe

epitrop nach oben weisend

Epizoen auf Tieren lebende, nicht parasitierende Aufwuchsorganismen

Epizoochorie Ausbreitung von Samen und Früchten mit Hilfe von Tieren, an denen sie mit Haftorganen hängenbleiben

Eremophyten extreme Trockengewächse

Ergometrie Messung der körperlichen Leistungsfähigkeit

Erythrociten rote Blutkörperchen

Ethologie Verhaltensforschung

Ethoökologie Verhaltensökologie

Etiolement Vergeilung, d.h. Veränderung im Wachstum von Pflanzen, die im Dunkeln stehen

euhalin Brackwasser mit 30–40 ‰ Salzgehalt

euphotisch oberste Wasserregion, die stark dem Licht ausgesetzt ist und damit reiches Wachstum an Phytoplankton ermöglicht

eurychor Organismen, die in weit verbreiteten unterschiedlichenk Biotopen leben

euryhalin Organismen, die große Schwankungen des Salzgehaltes ertragen

euryök Organismen, die sich an unterschiedliche Lebensbedingungen anpassen können

euryoxybiont Organismen, die große Sauerstoffschwankungen ertragen

euryphag Organismen mit einem weiten Nahrungsspektrum

euryphot Organismen, die große Schwankungen der Lichtintensität ertragen

eurytherm Organismen, die an große Temperaturschwankungen angepaßt sind

eurytop Organismen, die in den unterschiedlichsten Biotopen leben

eutroph nährstoffreich

Eutrophierung Anreicherung von Nährstoffen

Evaporation Verdunstung

Evasion Verlassen des Wirtskörpers durch einen Parasiten

Evertebrata wirbellose Tiere

Evolution Entwicklung

Exhalation Ausatmung, Ausdünstung

Exitus Ableben, Tod

Exklave abgetrenntes Areal einer Organismenart, z.B. Reliktvorkommen

Exkremente Ausscheidungen, Fäkalien

Exkrete Ausscheidungsprodukte

Evertebrata Gemeiner Seestern *Asterias rubens* und Gänsefußstern *Anseropoda placenta.*

Facettenauge Blaugrüne Mosaikjungfer *Aeschna cyanea.*

Exkretion bei Tieren und Pflanzen Ausscheidungen von Stoffen

exogen von außen kommend

Exokarp äußerste Schicht der Fruchtwand

exokrin Drüsen, die ihre Produkte nach außen abgeben

Exoskelett Außenskelett, d.h. formgebende äußere Stützstrukturen

exotisch ursprünglich aus fernen Ländern stammend, vielfach jedoch generell für ungewöhnliches Aussehen und Verhalten gebraucht

exotherm chemische Reaktionen, bei denen Wärme frei wird

Exposition Aussetzung, d.h. der Einfluß äußerer Faktoren auf einen Organismus

Exsikkat getrocknetes Material, z.B. Pflanzen in Herbarien

Exspiration Ausatmung

Exsudation bei Pflanzen: Ausscheidung von Flüssigkeit infolge des inneren Druckes

Extinktion Auslöschung

extrafloral außerhalb der Blüte

Extraktion Auswaschung, Auslaugung

extranukleär außerhalb des Zellkerns gelegen

extraterrestrisch außerirdisch

extrazellulär außerhalb der Zelle gelegen

Extremitäten Gliedmaßen

extrovert nach außen gewendet

Extrusion Abgabe von Drüsensekret

Exuvie Häutungsrest

F

Facettenauge aus vielen Einzelaugen zusammengesetztes Auge der Insekten

Faeces Ausscheidungsprodukte, Fäkalien

Fäkalien Ausscheidungsprodukte, Kot

facultativ fähig, möglich

Fangmaske verlängerte Unterlippe der Libellenlarven, beim Beutefang vorschnellend, sonst zurückgeklappt unter dem Kopf ruhend

Fangzähne verlängerte Eckzähne der Raubtiere

Faszikel Faserstrang, Bündel

Fauna Tierwelt

Faunenanalogie gleichartige Entwicklung tierischen Lebens in voneinander getrennten Gebieten

Faunistik Faunenkunde, Lehre von der Erforschung des Bestandes an Tierarten in bestimmten Gebieten

Fazies Zusammenfassung aller primären Kennzeichen eines Sedimentgesteins

Fekundation Befruchtung

Feminierung Verweiblichung

Femur Oberschenkelknochen

Fermentation Veränderung organischer Stoffe durch den Einfluß von Mikroorganismen oder durch Enzyme

fetal zum ungeborenen Lebewesen gehörig

Bio-Lexikon

Fekundation Segelkärpfling „Gold" *Poecilia velifera* bei der Paarung.

Fettflosse strahlenlose einzelne Rückenflosse bei Lachsen, Salmlern und manchen Welsen gegenüber der Afterflosse

Fibrillen Bindegewebsfasern

Finne Larvenstadium bei Bandwürmern; bei Haien Bezeichnung für die Rückenflosse

Fischartige Bezeichnung für die kieferlosen Agnathen (z.B. Neunauge) im Gegensatz zu den echten Fischen

Flachsee Schelfmeer, wasserbedeckter Randbereich der Kontinente

Flagellaten Geißeltierchen

Flavin Grundsubstanz gelber Naturstoffe

Flavoxanthin goldgelber Farbstoff in manchen Blüten (Löwenzahn, Hahnenfuß u. ä.)

Fleischflosser Unterklasse der Knochenfische, zu der Lungenfische und Quastenflosser gehören (Sarcopterygii)

Flora Pflanzenwelt

Flossen Ruder- und Steuerorgane wasserlebender Tiere

Flossenstrahlen Stützelemente der Flossen

Fluchtdistanz Entfernung, bei deren Überschreitung die Flucht ausgelöst wird

Flugsaurier ausgestorbene Flugechsen, deren Vorderextremitäten zu Flügeln umgebildet waren

Fluktuation Massenwechsel; Änderung der Populationsdichte

Fluoreszenz Wiederausstrahlung von Licht

fluvial zum Fluß gehörig

Fötus ungeborene Leibesfrucht

foliicol blattbewohnend

Fontanelle offene Stelle im Schädeldach juveniler Säugetiere, schließt sich im Laufe des weiteren Wachstums

Foraminiferen einzellige Tiere, deren Gehäuse viel Kieselsäure enthält; leben überwiegend im Meer

Foraminiferenkalk überwiegend aus Foraminiferen bestehendes Sediment; oft beteiligt am Aufbau von Korallenriffen

Formation in der Geologie: Bezeichnung für einen in einer bestimmten Zeitspanne gebildeten Schichtkomplex (z.B. Trias, Jura, Kreide u.a.)

formicol in Ameisennestern lebend

fossil Altersbezeichnung für vorzeitliche Lebewesen im Gegensatz zu rezent = jetztzeitlich

Fossilien Versteinerungen. Mehr oder weniger gut erhaltene Überreste vorzeitlicher Lebewesen, bei denen die organische Substanz durch mineralische ersetzt wurde. Bei Auflösung der organischen Substanz können durch in den Hohlraum eindringende Sedimente auch Abdrücke oder Steinkerne entstehen

Fossilisation Fossilwerdung

Frequenz Häufigkeit des Vorkommens

Friedfische pflanzen- und kleintierfressende Fische im Gegensatz zu Raubfischen

Frons Stirn

frontal stirnseitig

Frontale Stirnbein

Frostkeimer Pflanzen, die zur Keimung eine vorhergehende Frostperiode benötigen

Frostresistenz Fähigkeit von Organismen, Temperaturen unter dem Gefrierpunkt zu überstehen

Fructose Fruchtzucker

Fructus Frucht

Fruktivoren Fruchtfresser

Frustration Blockierung von Aktionen

Bio-Lexikon

Fluoreszenz Leuchtende Korallen.

Fucoxanthin Farbstoff, der z.B. die braune Farbe der Braunalgen bildet
Fungi Pilze
fungiform pilzförmig
Fungistatika Pilzwachstumshemmer
Fungizide pilzabtötende Substanzen
Funktion Aufgabe, Tätigkeit
funktionell die Funktion betreffend
fusiform spindelförmig

G

Galactose Milchzucker
Gallen Gewebewucherungen bei Tier und Pflanze, meist verursacht durch andere Organismen
Gameten Geschlechtszellen, Keimzellen
Ganglion Nervenknoten
Ganoiden urtümliche Fische mit dicken Schuppen, je nach Ausbildung des Innenskeletts Knorpel- oder Knochenganoiden genannt

Ganoin glänzende Schicht auf den Schuppen primitiver Fische
gastral den Magen betreffend
Gastrolithen Magensteine im Muskelmagen vieler Vögel und Reptilien. Dienen vermutlich zum Aufschluß der Nahrung durch Zermahlen. Bereits in fossilen Krokodilen nachgewiesen.
Gattung systematische Einheit, die eine Art oder mehrere Arten zusammenfaßt
Geitonogenese Parallelentwicklung
Gemini Zwillinge
gemmipare Fortpflanzung ungeschlechtliche Fortpflanzung durch Knospung
Gen Erbanlage, Erbfaktor
Generationswechsel unterschiedliche Fortpflanzung verschiedener Generationen derselben Art
Genese Entstehung, Entwicklung
Genetik Erblehre
genetische Defekte Erbkrankheiten
genital zu den Geschlechtsorganen gehörend

127

Genitalien Geschlechtsorgane

Genotypus Erbanlagen eines Organismus in ihrer Gesamtheit

Gentransfer Übertragung einer Erbanlage oder eines Erbfaktors

Genus Gattung

Geobiologie Lehre von der Verbreitung der Pflanzen und Tiere auf unserer Erde

Geobionten Bodenorganismen

Geoblasten Erdkeimer

Geobotanik Lehre von der Verbreitung der Pflanzen auf unserer Erde

Geochronologie geologische Altersbestimmung

Geokarpie Erdfruchtigkeit. Der Fruchtknoten wird in die Erde gedrückt. Die Frucht reift unterirdisch (z. B. Erdnuß)

Geologie Erdgeschichte. Lehre von den Gesteinen, deren Schichten, deren Umwandlungserscheinungen und deren Fossilinhalt

Geophagie Ernährung der Erde

Geophyten mehrjährige Pflanzen, die mit Hilfe unterirdischer Knospen überdauern

Geotropismus bei Pflanzen: Wachstumsbewegung in Richtung Erde

Geozoologie Lehre von der Verbreitung der Tiere auf unserer Erde

Geriatrie Lehre von der Heilung altersbedingter Krankheiten

germinal den Keim oder die Keimzellen betreffend

Germizide keimtötende Stoffe

Gerontologie Lehre vom Altern

Gigantismus Riesenwuchs

Glabella Kopfbuckel bei Trilobiten

Glazial Eiszeit

Glazialflora eiszeitliche Flora

Glazialrelikte Eiszeitrelikte

Glochidien Muschellarven

Glucose Traubenzucker

Glucoside (Glycoside) Abkömmlinge des Traubenzuckers

Gonopodium Der Guatemalakärpfling *Phallichthys amates*.

Bio-Lexikon

Gnathostomata Chordatiere mit Kiefern = Wirbeltiere mit Ausnahme der Agnatha (Kieferlose)

Gonaden Keimdrüse

gonadotrope Hormone auf die Keimdrüsen wirkende Hormone

Gondwanaflora fossiler Florenkreis der Perm- und Steinkohlen-Zeit aus dem damals noch zusammenhängenden Südkontinent Gondwana

Gondwanaland paläozoischer Südkontinent (Südafrika, Südamerika, Südindien, Australien, Antarktis)

Goniatiten paläozoische Ammoniten mit speziellen Lobenlinien

Gonopodium Begattungsorgan lebendgebärender Zahnkarpfen

Gotlandium veraltete erdgeschichtliche Bezeichnung; entspricht dem heute gebrauchten Silur

Graptolithen „Schriftsteine"; Klasse kleiner kolonienbildender Meeresorganismen, die im Erdaltertum weit verbreitet waren und in der Steinkohlenzeit ausstarben

Gravidität Schwangerschaft

Griffel in der Botanik säulenförmiges Gebilde, das die Narbe der Blüten trägt

Guano durch Vögel erzeugter Dünger

Guttation Ausscheidung wässriger Lösungen über Blattränder und Blattspitzen

gymnokarp bei Pilzen: nacktfruchtig

Gymnospermen Nacktsamer

H

Habitat Lebensbereich von Tier- und Pflanzenarten innerhalb eines Biotops

Habitus Erscheinungsbild

Hackordnung Rangordnung innerhalb einer Gruppe von Haushühnern. Auch häufig als allgemeine Bezeichnung für Rangordnung gebraucht

Hadon ökologischer Ausdruck für Lebensgemeinschaften in Tiefseegräben

halophil salzliebend

Halophyten Salzpflanzen, d.h. Pflanzen, die in salzhaltigen Böden gedeihen

Haloplankton Meeresplankton

Halotoleranz Fähigkeit von Organismen, hohe Slazkonzentrationen zu ertragen

Hämatochrom carotinartige Pigmente in Algen, die Rotfärbung auslösen (Blutalgen, Blutregen)

Griffel Beim Krokus sind Griffel und Narbe besonders intensiv gefärbt.

Hämatochrom Von Algen rot gefärbtes Gewässer in Uganda.

129

hämatogen vom Blut stammend

Hämatologie Lehre vom Blut

Hämatotoxin Blutgift

Hämoglobine rote Blutfarbstoffe

Hämolyse Blutzerfall

hapaxanth Pflanzen, die nur einmal blühen

haplodont Zähne in Gestalt eines einfachen, einspitzigen Kegels (Reptilien)

haplokaulisch bei Pflanzen: einachsig. Es besteht nur eine Achse, die mit der Blüte abschließt

harnpflichtige Substanzen Stoffwechselprodukte, die über den Harn ausgeschieden werden

Haustorien Saugorgane parasitischer und halbparasitischer Pflanzen

heliophil Tiere und Pflanzen, die Wärme und Licht bevorzugen

heliophob Bezeichnung für Tiere, die Wärme und Licht ablehnend gegenüberstehen

Heliophyten Sonnenpflanzen

Heliotropismus Neigung von Pflanzen, sich dem Licht zuzuwenden

helophil Organismen, die den Sumpf lieben

Helophyten Sumpfpflanzen

Hemeralopie Nachtblindheit

hemerophil kulturfolgende Lebewesen

hemerophob kulturfliehende Lebewesen

Hemiepiphyten Halbepiphyten. Pflanzen, die als Epiphyten ihr Wachstum beginnen, später aber durch Luftwurzeln Verbindung mit dem Boden herstellen

Hemiparasiten Halbparasiten. Pflanzen, die ihre Nährstoffe teils parasitisch und teils autotroph gewinnen

hemipelagisch Lebewesen, die nur einen Teil ihres Lebens freischwimmend verbringen und später zum Leben am Boden übergehen

Hemisphäre Erdhalbkugel (südl. und nördl. Hemisphäre)

herbikol Tiere, die krautige Pflanzen bewohnen

Herbivoren Pflanzenfresser

Herbizide Pflanzenbekämpfungsmittel

Hermaphrodit Zwitter

Heterophyllie Wasserhahnenfuß *Ranunculus aquatilis* mit Schwimmblättern und Unterwasserblättern.

Heteranthie verschiedene Staubgefäße innerhalb einer Blüte

heterocerk Bezeichnung für die Schwanzflosse von Fischen, wenn der obere Lappen länger als der untere ist

heterodont Gebiß mit verschieden gestalteten Zähnen

heterogen andersartig

heteromorph andersgestaltig

heterophag Lebewesen, die verschiedenartige Nahrung zu sich nehmen

Heterophyllie Pflanze mit verschieden gestalteten Blättern

heterotherm wechselwarm

Heterotrophie Ernährung von Lebewesen durch organische Stoffe im Gegensatz zur Autotrophie der Pflanzen

heterozön Lebewesen, deren Lebenszyklus oder deren Entwicklung in verschiedenen Lebensräumen abläuft

heterozön Der Feuersalamander *Salamandra salamandra* lebt an Land, die Larvenentwicklung findet im Wasser statt.

Hibernation Überwinterung

Hippologie Pferdekunde

Histologie Gewebelehre

Holarktis Zusammenfassung der Floren- und Faunenreiche der nicht tropischen Gebiete der nördlichen Hemisphäre

Holoparasiten Vollparasiten. Lebewesen, die sich ausschließlich parasitisch, d.h. von Substanzen ihres Wirtes ernähren

Holostei Knochenschmelzschupper. Vorläufer der Knochenfische

Holotypus typisches Individuum, nach welchem die Erstbeschreibung einer Art vorgenommen wurde

Holozän geologisch: Gegenwart. Jüngstes Zeitalter der Erdgeschichte, welches in unsere Zeit hineinreicht

Hominisation Menschwerdung

homodont Gebiß mit gleichgestalteten Zähnen

homogen gleichartig

homolog übereinstimmend

Homonym gleicher Name für verschiedene Arten, im Gegensatz zu Synonym: verschiedene Namen für die gleiche Art

homophag Lebewesen, die gleichartige Nahrung zu sich nehmen

homozerk bei Fischen: Schwanzflosse mit gleich langem Ober- und Unterlappen

hormonal (hormonell) mit Hormonen zusammenhängend

hortifug Pflanzen, die aus Gärten verwildert, sich in die Wildvegetation eingebürgert haben

Humifizierung Humusbildung

Huminstoffe hochmolekulare Verbindungen von gelbbrauner bis schwarzer Farbe, die bei der Humifizierung entstehen

Humiphage Humusfresser

hyalin glasig, durchsichtig

Hybride Bastard

Hydrobiologie Biologie der Gewässer

Hydrobotanik Lehre von den Wasserpflanzen

Hydrochorie Verbreitung von Samen durch bewegtes Wasser

Hydrogamie Bestäubung mit Hilfe des Wassers

Hydrokultur Wasserkultur

Hydromorphie anatomische Eigentümlichkeiten untergetauchter Pflanzen

hydrophil das Wasser bevorzugend

hydrophob das Wasser meidend

Hydrophyten Wasserpflanzen

Hydrosphäre Wasserhülle der Erde

Hydrozoologie Lehre von den im Wasser lebenden Tieren

hygrophil Pflanzen, die die Feuchtigkeit lieben

Hygrophyten Feuchtigkeitspflanzen, d. h. Pflanzen, die ständig feuchte Standorte bevorzugen

hygroskopisch Feuchtigkeit anziehend

Hyperopie Weitsichtigkeit

Hypersomie Riesenwuchs

Hyperthermie Überwärmung

Hypertonie erhöhter Blutdruck

Hyphen bei Pilzen: fädige Vegetationsorgane

Hypodermis unter der Epidermis liegende Schicht

hypogäisch unterirdisch

Hypophyse Hirnanhangdrüse

Hypoplasie Unterentwicklung von Organen

Hyposomie Kümmerwuchs, Zwergenwuchs

Hypothermie herabgesetzte Körpertemperatur

Hypotonie niederer Blutdruck

hypozerk unterer Flossenlappen größer als der obere. Wirbelsäule reicht in den unteren Flossenlappen hinein (z. B. Ichthyosaurier)

Imago letztes Metamorphosestadium bei Gliederfüßlern. Als Imago wird beispielsweise der vollausgebildete und geschlechtsreife Käfer oder Schmetterling bezeichnet.

Imago Voll ausgebildetes Männchen der Plattbauchlibelle *Libellula depressa*.

I

Ichnofossilien Spurenfossilien, Lebensspuren

Ichnologie Lehre von den Lebensspuren

Ichnozönose Spurengemeinschaft, Gesamtheit der Spuren innerhalb eines begrenzten Gebietes

Ichtyologie Lehre von den Fischen

Ichthyosaurier Fischsaurier; fischartige Echsen, die völlig dem Leben im Wasser angepaßt waren

Ichthytoxine Fischgifte

Identifikation Bestimmung der Artzugehörigkeit

Idiotop Lebensraum eines einzelnen Individuums

Immigration Einwanderung

Immunität Resistenz gegenüber Krankheitserregern

Immuration Einmauerung

Implantation Einpflanzen eines natürlichen oder künstlichen Gegenstandes in einen Organismus

Impotenz Unvermögen, Zeugungsschwäche

Impuls Anstoß, Anregung

Incisivi Schneidezähne

Incluse (Inkluse) ein in fossiles Harz (Bernstein) eingeschlossener Organismus

indigen einheimisch

Bio-Lexikon

Insektivoren Der Schmetterlingsfisch *Pantodon buchholzi* lebt vorwiegend von Insekten.

Indikator Anzeiger; Farbstoff der vom sauren zum alkalischen Milieu seine Farben wechselt

Individuum das einzelne Lebewesen mit all seinen Besonderheiten

Infantilismus Stehenbleiben der Entwicklung auf einer kindlichen Stufe

Infektion Ansteckung

infektiös ansteckend, übertragbar

Infertilität Unfruchtbarkeit

Infloreszenz Blütenstand

Infrarot Wärmestrahlung mit Wellenlängen unter 1 mm, anschließend an denk langweiligen Bereich des sichtbaren Spektrums

Inhibition Hemmung

Inhibitoren Hemmstoffe

Inkompatibilität Unvereinbarkeit

Inkrete innere Drüsensekrete

Inkrustation Krustenbildung

Inkubationszeit Zeitspanne zwischen dem Eindringen des Erregers und dem Ausbruch der Krankheit

Innersekretion innere Sekretion; Abscheidung von Drüsensekreten direkt in das Blut

Insektivoren Insektenfresser

Insektizide insektenabtötende Schädlingsbekämpfungsmittel

Inselendemismus Verbreitung einer Tier- oder Pflanzenart ausschließlich auf einer bestimmten Insel

Insemination künstliche Befruchtung

Insessoren Nesthocker

Insolation Besonnung

Inspiration Einatmung, Eingebung

Instinkt angeborene Verhaltensweise

Instruktion Unterweisung

Intelligenz Erkennungsvermögen; Fähigkeit der Lösung von Problemen

interdisziplinär unterschiedliche Wissenschaftsbereiche betreffend

Interglazial Zwischeneiszeit; Warmzeit zwischen zwei Vereisungsperioden

Internation Verlagerung von Organen ins Körperinnere

Internodium Pflanzenglied zwischen zwei übereinanderliegenden Knoten

Interstadial kurzfristige Erwärmungsperiode innerhalb einer Eiszeit

interzellulär zwischen den Zellen liegend

Interzellularen Zwischenzellräume, meist mit Luft oder Wasser gefüllte Räume zwischen Pflanzenzellen

intestinal zum Darm gehörig

Intoleranz Unverträglichkeit

Intoxikation Vergiftung

intrazellulär innerhalb einer Zelle liegend

Invasion Eindringen

Inzest Blutschande; sexuelle Beziehung zwischen nahe verwandten Individuen

Inzucht Fortpflanzung auf sexuellem Wege zwischen nahen Verwandten

Ionen positiv (Kationen) oder negativ (Anionen) geladene Atomteile

Ionosphäre Atmosphäre

Iris Regenbogenhaut; verstellbare Blende am Auge der Wirbeltiere

Iris Auge des *Scyliorhinus caniculus* Kleingefleckter Katzenhai.

Irreversibilität Nichtumkehrbarkeit

irreversible Vorgänge Prozesse, die nicht rückgängig gemacht werden können

Irritabilität Erregbarkeit, Reizbarkeit

isocyclisch Blüten mit in allen Kreisen gleichzähliger Gliederzahl

isodont gleichzähnig

isogen Bezeichnung für beispielsweise durch Inzucht entstandene genetisch (nahezu) gleiche Individuen

isognath Gebißtyp, bei dem die untere und die obere Zahnreihe genau aufeinander treffen

Isolation Absonderung, Abgrenzung

J

juvenil jugendlich

K

Kalk kohlensaurer Kalk, Calciumcarbonat; im Wasser gelöst als Bicarbonat, bildet die Meßgrundlage der Karbonathärte

Kalkpflanzen Pflanzen, die kalkhaltige Böden lieben

Kallus bei Pflanzen Bezeichnung für Vernarbungsgewebe

Kalorie veraltete Energieeinheit

Kälteresistenz Befähigung von Organismen, niedere Temperaturen ohne Schaden zu ertragen

kaltstenotherm an niedere Temperaturen gebunden

Kambium ringförmiges pflanzliches Teilungsgewebe

Kambrium frühes Erdzeitalter, älteste Periode des Erdaltertums

Känozoikum Erdneuzeit

Kapillaren Haargefäße, Röhrchen mit kleinstem Innendurchmesser

Karbonathärte meßbarer Anteil des Wassers an Calcium

Karies Zahnfäule

Karnivoren fleichfressende Tiere

Karpolith versteinerte Frucht

karpophag fruchtfressend

Karyologie Lehre vom Zellkern

Karyon Zellkern

Karyoplasma Kernplasma

Karzinom bösartige Krebsgeschwulst

Kastration Entmannung

Katabiose Abbau lebender Substanz durch interzelluläre Vorgänge

katadrom Bezeichnung für Fische, die zum Laichen das Meer aufsuchen (z.B. Aale)

Katalyse durch Anwesenheit bestimmter Stoffe (Katalysatoren) beschleunigte chemische Reaktion

BIO-LEXIKON

Kategorie Rangstufe

Katharobien Organismen, deren Lebensraum in absolut sauberem Wasser liegt

Kation positiv geladenes Ion

Kaulquappe Larve der Froschlurche

kavernikol höhlenbewohnend

Kegelzähne wurzellose, einspitzige Zähne mancher Reptilien

Keimruhe Keimungsverzögerung durch Keimhemmung

Kenokarpie Leerfrüchtigkeit

Keratin Hornsubstanz

Kernfusion Kernverschmelzung

Kernholz innerer Teil des Holzes; besteht nur aus toten Zellen

Kernteilung Teilung des Zellkernes

Keuper jüngste Stufe der Trias-Formation (205 – 190 Mio. Jahre vor unserer Zeitrechnung)

Kieferlose fischartige Lebewesen ohne bewegliche Kiefer; im Erdalterum weit verbreitet; leben heute nur noch in Form der Rundmäuler (Neunaugen)

Kiemen Atmungsorgane wasserbewohnender Tiere

Kiemen *Axolotl Ambystoma mexicanum.* Albino mit roten Büschelkiemen.

Kiemenfäule Fischkrankheit, verursacht durch Algenpilz Branchiomyces

Kieselgur Diatomeenerde; Gestein, bestehend aus den Gehäusen von Kieselalgen

Kieselhölzer versteinerte Hölzer; entstanden durch Mitwirkung von Kieselsäure

Kinese durch Umweltreize gesteuerte Bewegung

Kinetosen Bewegungskrankheiten

Kladistik Entwicklungstheorie bestehend aus der Annahme steter Verzweigung; im Gegensatz zur Anagenese, der Theorie von der stetigen Höherentwicklung

Kladogramm Stammbaum gemäß kladistischer Auffassung

Klarwasser Bezeichnung für Gewässer, die nicht durch Huminstoffe gefärbt sind

Klassifikation Zuordnung, Einteilung

Kleistogamie Selbstbestäubung bei geschlossenen Blüten

Klimakterium Wechseljahre

Klon Zellen, die durch asexuelle Vermehrung aus einer Zelle hervorgehen und somit genetisch einheitliche Zellen liefern

Knochenfische Fische mit teilweise oder völlig verknöchertem Skelett (Osteichthyes)

Knochenganoiden Fische mit weitgehend verknöchertem Skelett aber mit mehr oder weniger schmelzartigem Überzug auf den Schuppen (Holostei). Heute leben aus dieser Gruppe nur noch Schlammfische (Amia) und Alligatorhecht (Lepisosteus)

Knorpel nichtmineralisiertes Skelettgewebe bei Wirbeltieren

Knorpelfische Fische mit knorpeligem aber durch Kalkeinlagerungen oft hartem Innenskelett (Chondrichthyes), z.B. Haifische

Knorpelganoiden Fische mit knorpeligem Innenskelett und starkem Schmelzüberzug auf den Schuppen (Chondrostei). Heute leben aus dieser Gruppe nur noch Störe und Flösselaale

koagulieren ausflocken, ausfällen, gerinnen

Kohlensäure Kohlendioxid (CO_2)

Koinzidenz Zusammentreffen mehrerer Ereignisse

Kokken kugelförmige Bakterien

Kokon Eibehälter von Insekten und Spinnentieren, gefertigt aus fädigen Drüsensekreten

Kollenchym Festigungsgewebe

135

Kolloid Bezeichnung für Teilchen, welche die Größe eines Moleküls erheblich überschreiten

Komfortverhalten in der Verhaltensforschung Begriff für typisches Verhalten, das der Körperpflege oder der Entspannung dient

Kommunikation Verständigung, Übertragung von Informationen

Kompatibilität Verträglichkeit, Vereinbarkeit

Kompetenz Fähigkeit, Zuständigkeit

Komplexauge Facettenauge der Insekten; aus vielen Einzelaugen zusammengesetztes Auge

Kondensor Verdichter

Konfliktverhalten Verhalten in einer Situation, die kein vorgegebenes Verhalten auslöst, sondern mehrere Möglichkeiten offenläßt

kongenital angeboren

Konglobation temporäre Ansammlung von Individuen der gleichen Art, verursacht durch günstige Faktoren, wie Temperatur, Nahrungsangebot usw.

Koniferen Nadelgehölze

Konjugation zeitweise Verbindung von Einzellern, verbunden mit Austausch von Zellsubstanz

Konkordanz Übereinstimmung der Identität

Konkretionen von innen nach außen gewachsene Mineralausscheidungen; häufig liegt im Mittelpunkt ein Fossil

Konkurrenz Interessenkonflikt, wenn zwei oder mehr Individuen dieselbe Ressource (Quelle) ausnützen wollen

Konnex Verknüpfung

Kormophyten Sproßpflanzen, höhere Pflanzen

Körperfossilien Fossilien mit körperlicher Erhaltung

Korrelation Wechselbeziehung; statistisch zu erfassender Zusammenhang zwischen mehreren Merkmalen

Kosmobiologie Lehre von den Einflüssen kosmischer Erscheinungen auf biologische Vorgänge auf der Erde

Kosmopoliten wörtlich: Weltbürger; Bezeichnung für Tiere und Pflanzen, die über den größten Teil der Erde verbreitet sind

Kotyledonarknospen Reserveknospen in den Achseln der Keimblätter, die normalerweise nicht austreiben, aber durch den Ausfall der Endknospe aktiviert werden können

Kotyledonen Keimblätter

kranial den Schädel betreffend

Kraniologie Lehre vom Schädel

Kratzer mit Haken versehene Darmparasiten bei Fischen, Vögeln u.a.

krautige Pflanzen Pflanzen, deren oberirdische Teile nicht oder kaum verholzt sind

Kreide Erdzeitalter, das den Zeitraum von 130 Mio. – 60 Mio. Jahre vor der Jetztzeit umfaßt; jüngste Periode des Erdmittelalters

kretazisch die Kreidezeit betreffend

Kretinismus Entwicklungsstörung durch Unterfunktion der Schilddrüse

Kreuzung Paarung nahe verwandter aber nicht gen-gleicher Individuen

Kreuzung Ein Nothobranchiusmännchen paart sich mit einem Aphyosemionweibchen.

Krill Sammelbezeichnung für marine Kleinlebewesen, die in Massen auftreten

Krötengifte Hautdrüsensekrete von Kröten mit mehr oder weniger starker Giftwirkung

Kryobiologie Lehre von der Einwirkung sehr niederer Temperaturen auf Organismen

Kryobionten Bezeichnung für Organismen, die im oder auf Schnee und Eis leben

Kryoflora Algen, die sich auf ewigem oder zumindest länger ausdauerndem Schnee und Eis entwickeln

Kryon Lebensgemeinschaft im Gletscherbereich

kryophil Organismen, die Schnee und Eis als Lebensraum bevorzugen

Kryptofossilien Fossilien des ultramikroskopischen Bereichs

Kryptogamen veraltete Sammelbezeichnung für blütenlose Pflanzen (Moose, Farne etc.)

Kulturflüchter Tiere und Pflanzen, die nur außerhalb des menschlichen Kulturbereichs leben können

Kulturfolger Tiere und Pflanzen, die auch im menschlichen Kulturbereich günstige Lebensbedingungen finden.

Kumulation Anhäufung

kupieren Stutzen tierischer Körperteile, z.B. bei Hunden Schwanz und Ohren, bei Vögeln Flugfedern usw.

Kybernetik Steuerung und Regelung, Informationen durch Datenverarbeitung

Kynologie Lehre von den Hunden

L

Labellum meist nach unten zeigendes Blütenblatt der Orchideen-Blüte

Labium lippenförmiges Blütenblatt der Lippenblütler (Labiatae)

Labyrinthfische Fische mit einem zusätzlichen Atmungsorgan, dem Labyrinth

labyrinthodont Fische mit kegelförmigen, an der Außenseite gefurchten Zähnen (z.B. Quastenflosser)

Lackmus Farbstoff, der sich durch Säuren nach Rot und durch Alkalien nach Blau verändert

Lactation Produktion und Absonderung von Muttermilch bei Säugetieren

Lactose Milchzucker

Lagune flache Meeresbucht, vom freien Meer durch Riffe, Nehrungen etc. weitgehend abgetrennt

Laich in das Wasser abgelegte Eier von Schnecken, Amphibien und Fischen

Laich Der Thomas-Prachtbarsch *Pelmatochromis thomasi* über seinem Gelege.

Laichwanderung Wanderung von Fischen zu Laichplätzen, die meist dem eigenen Geburtsgewässer entsprechen (z.B. Lachs und Aal)

Lamelle dünnes Blättchen

lanceolat lanzettförmig

Landalgen Algen, die sich dem Landleben angepaßt haben

Larve Jugendstadium tierischer Organismen. In Ausbildung und Aussehen vom erwachsenen Tier abweichend.

latent versteckt, ruhend

lateral seitwärts gelegen

Laugen Flüssigkeiten, die alkalisch reagieren

lävotrop linksgewunden, linksgedreht

Lazeration Vermehrung durch Abschnüren kleiner Teile der Fußscheibe bei Seerosentieren (z.B. Aiptasia)

lebende Fossilien Tiere und Pflanzen, die heute noch leben und sich über einen Zeitraum von vielen Millionen Jahren fast unverändert erhalten haben (z.B. Ginkgo-Baum, Pfeilschwanzkrebs, Quastenflosser)

Leitfossilien für bestimmte Horizonte charakteristische Fossilien, die die Bestimmung des relativen Alters ermöglichen

Lens Linse des Auges

Lentizellen charakteristische Warzen im Korkgewebe

Lepidoptera Schmetterlinge

Lepidopterologie Lehre von den Schmetterlingen

letal tödlich

Letaldosis diejenige Menge eines Stoffes, die zum Tode führt

Letalfaktoren durch Mutation veränderte Gene, die den baldigen Tod eines Individuums herbeiführen

Leuchtsymbiose innere Symbiose eines Organismus mit Licht produzierenden Bakterien

Leukocyten weiße Blutkörperchen

Leukoplasten farblose Speicherzellen höherer Pflanzen

Leukotoxine Giftstoffe, die weiße Blutkörperchen schädigen

Lianen Sammelbezeichnung für Kletterpflanzen

Lias untere Schichten der Juraformation

Lichenologie Lehre von den Flechten

Lichtfang Anlocken und Fangen von Tieren mit Hilfe einer Lichtquelle

Lichtkeimer Bezeichnung für Pflanzen, die neben Feuchtigkeit und Wärme eine bestimmte Menge Licht zur Keimung benötigen

Lichtmikroskop herkömmlicher Typ des Mikroskops im Gegensatz zum Elektronenmikroskop

Lichtsinn Fähigkeit von Organismen, auf Licht zu reagieren; dies auch ohne das Vorhandensein spezifischer Sinnesorgane

Liebespfeil spitzes Kalkgebilde, das manche Schnecken in die Muskulatur des Partners stoßen, um diesen zum Liebesspiel zu stimulieren

Lignifizierung Verholzung pflanzlicher Zellwände

lignikol im Holz lebend

Lignin Hauptinhaltsstoff des Holzes

Lignivoren holzfressende Organismen

limicol im Schlamm lebend

limnicol Organismen, die im Süßwasser leben

Limnion Freiwasserzone in Seen

Limnobenthos Süßwasserorganismen, die die Bodenzone besiedeln

Limnobios Sammelbezeichnung für Süßwasserorganismen

Limnokrene Quellsee

Limnologie Lehre von den Binnengewässern und ihren Bewohnern

Limnoplankton Plankton des Süßwassers

Lipide Sammelbezeichnung für weitgehend wasserunlösliche Verbindungen in Zellen und Organismen

Lipoblasten Fettzellen

Lipochrome fettlösliche Naturfarbstoffe

lipophil organische Lösungsmittel, die mit Ölen und Fetten mischbar bzw. in diesen löslich sind

lipophob organische Lösungsmittel, die mit Ölen und Fetten nur wenig mischbar bzw. in diesen löslich sind

Liptozönose Vergesellschaftung abgestorbener Organismen und ihrer Lebensspuren

lithophag Tiere, die sich in festes Gestein einbohren (Bohrmuscheln etc.)

Litoral Uferzone

Loben, Lobenlinie Verwachsungslinie von Kammerscheidewand und Außenwand des Gehäuses von Tintenfischen (Ammoniten). Werden in der Palaeontologie wegen ihres charakteristischen und artspezifischen Verlaufs oft als Bestimmungsmerkmal verwendet

Lokalform Bezeichnung für eine nur in bestimmten Gebieten auftretende Untereinheit einer Unterart

Lokomotion Fortbewegung

Luciferine chemische Verbindungen in Leuchtorganismen, die den Leuchteffekt hervorrufen

Luftwurzeln Bezeichnung für Wurzeln, die zumindest teilweise oberirdisch angelegt sind

Lumbalwirbel Lendenwirbel

Lumen Hohlraum von Zellen oder Organen; photometrische Einheit des Lichtstromes

Luminiszenz Aussendung von Licht ohne thermische Energie (kaltes Licht)

Lymphocystis Wucherungen von Hautzellen an Fischen, die durch einen Virus hervorgerufen werden

Lymphocyten große weiße Blutkörperchen, die einen Teil des Immunsystems bilden

Lyophilisation Gefriertrocknung

M

Magdalénien Kulturstufe der jüngeren Altsteinzeit

Makrofauna kleine Organismen, die mit bloßem Auge oder mit Hilfe einer Lupe zu erkennen und bestimmbar sind

Makrophyten pflanzliche Organismen, die mit bloßem Auge deutlich erkennbar sind

Luciferine Der Tannenzapfenfisch *Monocentris japonicus* hat nahe beim Maul ein Leuchtorgan.

makroskopisch mit bloßem Auge sichtbar und erkennbar

Malakologie Lehre von den Weichtieren

Mammalia Säugetiere

Mammut eiszeitliche Elefantenart

Mandibel beim Menschen: Unterkiefer; bei Krebstieren: Oberkiefer

Mangelkrankheit Erkrankung, die durch unzureichende Zufuhr bestimmter Stoffe entsteht, z.B. Vitaminmangel, Mangel an Spurenelementen, Eiweißmangel etc.

Mangrove Gehölzformation im Gezeitenbereich tropischer Meeresküsten

marginal randständig

marin dem Meer zugehörig

maritim das Meer betreffend

Markierung Kennzeichnung von Revieren durch Duftmarken

Mastodonten tertiäre Elefantenvorläufer

Matrix Mutterboden, Muttergestein

Mauser Gefiederwechsel bei Vögeln

Maxillare Oberkieferknochen bei Wirbeltieren

mazerieren Reinigung tierischer Knochen oder Knorpel von anhaftenden Weichteilen

medial zur Mitte hin gelegen

median in der Mitte liegend

mediterran aus dem Mittelmeergebiet stammend

Mediterranregion Mittelmeergebiet

Medusen Quallen

Meeresbiologie Wissenschaft, die sich mit den im Meere lebenden Organismen befaßt

Meeresleuchten Massenauftreten von Organismen verschiedener Herkunft, die durch Oxidation oder durch enzymatische Vorgänge Leuchteffekte hervorrufen

Megalithkultur jungsteinzeitliche Kulturstufe, deren Hauptmerkmal darin liegt, daß Tote in Großsteingräbern beigesetzt werden (Hünengräber)

megatherm Lebewesen, die höhere Temperaturen bevorzugen

mehrjährig Bezeichnung für Pflanzen, die mehrere Jahre bis zur Entwicklung von Blüte und Samen brauchen und dann absterben

Melanine dunkle Pigmentstoffe

Melanismus Dunkelfärbung durch ungewöhnlich starkes Auftreten dunkler Pigmentstoffe

Melanom bösartiger Pigmenttumor

Melioration Verbesserung; hauptsächlich gebraucht im Sinne von Bodenverbesserung

Melittophilie bei Pflanzen bevorzugte Bestäubung durch Bienen

Membran Trennwand, die entweder von beiden Seiten durchlässig sein kann (permeabel) oder nur von einer Seite (semipermeabel)

Meristem Bildungsgewebe

Mesoderm mittlere Schicht des Keimblattes

Mesokarp mittlere Schicht des Fruchtblattes

Mesolithikum mittlere Steinzeit

Mesothorax Mittelbrust

Mesozoikum Erdmittelalter

Metabolie Entwicklung über ein oder mehrere Larvenstadien

Metamorphose Umwandlung (z.B. von der Kaulquappe zum Frosch)

Meteorit Himmelskörper von vergleichsweise geringer Größe

Meteorologie Wetterkunde

Migration Wanderung

Mikroben Mikroorganismen; hauptsächlich gebraucht für Bakterien

Mikrobiologie Lehre von den Kleinlebewesen

Mikrobiozönose Lebensgemeinschaft von Kleinlebewesen in charakteristischer Zusammensetzung

Mikrofauna Zusammenfassung tierischer Kleinlebewesen

Mikroflora Zusammenfassung pflanzlicher Kleinlebewesen

Mikrofossilien fossile Überreste von hauptsächlich einzelligen Organismen

mikrophag von Kleinorganismen lebend

Mikroskop optische Gerät zur Vergrößerung kleiner und kleinster Objekte

Bio-Lexikon

Metamorphose Wasserfrosch *Rana esculenta* Kaulquappe, Entwicklung der Beine.

Mimese Der Blattfisch *Monocirrhus polyacanthus* ahmt ein totes Blatt nach.

Mimikry Mit seinen zahlreichen Anhängseln ist der Steinfisch nicht als Fisch erkennbar.

Mikroskopie Sammelbegriff für alle Untersuchungsmethoden, die sowohl mit dem Lichtmikroskop als auch mit dem Elektronenmikroskop durchgeführt werden

mikroskopisch nur mit Hilfe des Mikroskops zu erkennen

Mikrotom Gerät zur Herstellung dünner Schnitte zur mikroskopischen Untersuchung

Mimese Bezeichnung für die Fähigkeit von Tieren belebte oder unbelebte Objekte täuschend nachzuahmen

Mimikry Anpassung, die der Tarnung dient

Mineralien chemische Verbindungen oder Elemente, die meist Kristalle bilden und Bestandteil der Erdkruste sind

Miozän Epoche des Teriärs, beginnend vor etwa 25 Millionen Jahren

missing link fehlendes Bindeglied in einer Entwicklung

Mobilität Beweglichkeit

Moleküle Materieteilchen, aufgebaut aus zwei oder mehr Atomen

Mollusken Weichtiere

Molluskizide schneckenabtötende Substanzen

Mollusken Porzellanschnecke *Cypraea*.

141

monocyclisch Bezeichnung für einjährige Pflanzen

Monogamie Einehe

Monokotyledonen einkeimblättrige Pflanzen

Monokultur Nutzung land- und forstwirtschaftlichen Bodens durch nur eine Pflanzenart

monophag Ernährung von nur einem Tier oder nur einer Pflanzenart

monophyletisch Nachkommen aus einer Stammart

monotypisch Gattungen mit nur einer Art oder auch Ordnungen mit nur einer Familie

Morbidität Erkrankungsrate

Morphogenese Formbildung

Morphologie Formenlehre

Mortalität Sterblichkeitsrate

Motivation Beweggrund

Motorik Zusammenfassung willkürlicher Bewegungsvorgänge

Mumifikation Konservierung von Organismen durch Wasserentzug

Mutation Veränderung des Erbgutes

Mycel Pilzgeflecht

Mykorrhiza Lebensgemeinschaft zwischen Pilzen und den Wurzeln höherer Pflanzen

Mykose durch Pilze hervorgerufene Erkrankung

Mykotoxine Pilzgifte

Mykotrophie Ernährung mit Hilfe von Pilzen

Myopie Kurzsichtigkeit

Myophilie bevorzugte Bestäubung durch Fliegen

Myrmekophagen Ameisenfresser

N

Nacktsamer Pflanzengruppe zu der im wesentlichen die Nadelgehölze (Koniferen) zählen

Naganaseuche Tsetsekrankheit; im tropischen Afrika verbreitete Tierseuche, die durch die Tsetsefliege übertragen und durch das Geißeltierchen Trypanosoma verursacht wird.

Nährgewebe mit Reservestoffen angereichertes Gewebe im Samen bei Samenpflanzen

Nährsalze Mineralstoffe, die zur Ernährung der Pflanzen notwendig sind und in gelöster Form aufgenommen werden

Nanismus Zwergwuchs

Nannofossilien Kleinstfossilien

Nannoplankton Kleinstplankton

Narbe bei Pflanzen: Teil des weiblichen Geschlechtsapparates; zur Aufnahme der Pollenkörner bestimmt

Narbensekret klebriges Sekret, welches von der Narbe der Blüte ausgeschieden wird und die Pollenkeimung beeinflußt

Narkotica Narkosemittel

Nastie Bewegung von Pflanzenorganen, die durch einen Außenfaktor ausgelöst wird

Naturlandschaft Urlandschaft, vom menschlichen Einfluß weitgehend freigebliebene Gebiete

Neandertaler Menschentyp, der vor 90 000 bis 30 000 Jahren in Europa, in Nordafrika und im Nahen Osten verbreitet war und als primitive Unterart des Homo sapiens gewertet wird. Als besonderes Merkmal können die im Gegensatz zum heutigen Menschen fliehende Stirn und starke Augenbrauenwülste gelten

negroid Merkmale, die an die schwarze Menschenrasse erinnern (z.B. dunkles Kraushaar, wulstige Lippen, breite Nase)

Nekrophagen aasfressende Lebewesen

Nekrose Absterben von Gewebe- oder Organteilen

Nekrozönose Grabgemeinschaft

Nektar süße Ausscheidungsprodukte von Pflanzen, die Insekten anlocken und damit die Bestäubung begünstigen. Nektar ist die Grundlage des Honigs

Nektardiebe Insekten, die von Pflanzen Nektar gewinnen ohne die Bestäubung durchzuführen

Nektarien Nektardrüsen

Nektarsporn mit Nektar gefüllter Blütensporn

Bio-Lexikon

Nektar Der süße Nektar der *Euphorbie* lockt eine Wanze *Callidea* zur Blüte.

Nematizide Präparate zur Bekämpfung von Fadenwürmern

Neogen Jungtertiär, Zusammenfassung von Miozän und Pliozän

Neolithikum Jungsteinzeit

Neotenie Erreichen der Geschlechtsreife im ganzen oder teilweisen Larvenzustand (z.B. Axolotl)

nerval das Nervensystem betreffend

Nervatur Aderung

neural vom Nervensystem ausgehend

neurogen in Nervenzellen entstehend

Neurologie Lehre von den Nerven und vom Nervensystem

Neurotoxine Nervengifte

neutral wässrige Lösungen, die weder sauer noch alkalisch reagieren

Nicotin Alkaloid der Tabakpflanze

Niedere Tiere wirbellose Tiere

Nitrate wasserlösliche Salze der Salpetersäure; Endprodukt der Denitrifikation. Können in entsprechender Konzentration im Aquarium giftig wirken

Nitratpflanzen Pflanzen, die nitratreiche Böden bevorzugen

Nitrite Salze der salpetrigen Säure. Zwischenprodukt bei der Denitrifikation

nitrophil stickstoffliebend

Nitrophyten siehe Nitratpflanzen

Nodus Knoten

Nomenklatur Namensverzeichnis, Kennzeichnung und Benennung von Tieren und Pflanzen nach festgelegten Regeln

Noxe Schaden, Schädlichkeit

Nucleus Zellkern

Nummuliten versteinerte Großforaminiferen von scheibenförmiger bis kugeliger Gestalt

Nutriment Nahrung, Nährstoff

Nutrition Ernährung

nyktinastisch Bewegungen bei Pflanzen, die synchron mit dem Tag- und Nachtwechsel ablaufen

O

Odontologie Lehre von den Zähnen bei Wirbeltieren und beim Menschen

Oesophagus Speiseröhre

Ökologie Umweltbiologie

Ökosystem Beziehungsgefüge von Lebewesen vom Einzeller bis zum Menschen in einem Lebensraum von bestimmter Art und bestimmter Größe

oligophag Tiere, die auf nur wenige Arten von Tieren oder Pflanzen als Nahrung spezialisiert sind

oligostenotherm Lebewesen, die nur in einem engen Bereich niedriger Temperaturen leben können

oligotroph nährstoffarme Gewässer

ombrophil regenliebend

ombrophob regenmeidend

Omnivoren Allesfresser

Ontogenese Individualentwicklung von Organismen

Oodinium zu den Geißeltierchen gehörender Fischparasit

Oologie Eierkunde

Opponent Gegenspieler

Ordnung in der Systematik: Rangstufe zwischen Familie und Klasse

organogen organischen Ursprungs

organoid organähnlich

Organologie Lehre von den Organen

Ornithologie Vogelkunde

Ornithophilie bei Pflanzen Bestäubung durch Vögel

Ornithose Papageienkrankheit, hervorgerufen durch das Bakterium Chlamydia psittaci

Osmose Diffusion von gelösten Stoffen im Lösungsmittel durch Membranen

Ossifikation Knochenbildung

Osteologie Lehre vom Bau der Knochen

Östrogene weibliche Geschlechtshormone

Oszillation Schwingung; in der Ökologie: regelmäßige Schwankung der Populationsdichte

Otolithen Gehörsteinchen bei Fischen, die oft so formspezifisch sind, daß sie zur Bestimmung dienen können

Ovar Eierstock

Oviparie Ablage von Eiern vor der Befruchtung

Ovizide Schädlingsbekämpfungsmittel, die gegen Eier von Insekten und Milben wirken

Ovoviviparie verzögerte Eiablage, die bewirkt, daß das Jungtier kurz vor oder unmittelbar nach der Eiablage schlüpft (z.B. Feuersalamander, Kreuzotter und manche Haie)

Ovoviviparie Blindschleiche *Anguis fragilis* beim Geburtsakt.

Ovulation Eisprung

Oxidation Vereinigung von Sauerstoff mit anderen Elementen in der ursprünglichen Bedeutung. Heute ist dieser Begriff auf alle Vorgänge erweitert, bei denen Sauerstoff aufgenommen bzw. Wasserstoff abgegeben wird

Oxide Verbindungen eines chemischen Elementes mit Sauerstoff

Ozeanographie Lehre vom Meer

Ozon dreiatomige Form des Sauerstoffs

P

Paläoanthropologie Lehre vom fossilen Menschen und seiner Evolution

Paläolithikum Altsteinzeit

Paläontologie Lehre von den vorzeitlichen Lebewesen

Paläökologie Lehre von der Lebensweise fossiler Organismen

Paläozoikum Erdaltertum

Panaschierung weiß-grün oder weiß-bunt gescheckte Blätter

Pankreas Bauchspeicheldrüse

pantropisch Lebewesen, die in allen tropischen Gebieten der Welt vertreten sind

Parasiten Schmarotzer

Parasitismus Schmarotzertum

Parasitologie Lehre von den parasitisch lebenden Organismen

Parasitose Befall mit Parasiten

Parenchym bei Pflanzen: das Grundgewebe

Parökie Nachbarschaftsverhältnis

Parthenogenese Jungfernzeugung

Parthenogenese Monatelang gebären Blattlausweibchen ohne Befruchtung.

Pathologie Lehre von den Krankheiten

Pelagial Freiwasserraum eines Gewässers

pelagisch das Pelagial betreffend

Penetration aktives Eindringen

pentacyclisch Zwitterblüten mit fünf Wirteln

perennierend ausdauernd

Perianth Blütenhülle

Perigon Blütenhülle aus gleichgestalteten Blättern

Perikarp Fruchtwand

periodische Gewässer temporäre Gewässer

Perkolation Wasserversickerung im Boden

Perlmutt Schalenschicht von Weichtieren, bestehend aus Aragonit

Permafrostböden Böden, die ständig gefroren sind

Permeabilität Durchlässigkeit

Persistenz Dauerhaftigkeit, Beständigkeit

Perzeption Wahrnehmung von Reizen durch Sinneszellen

Pestizide Schädlingsbekämpfungs- und Pflanzenschutzmittel

Petalen Blütenblätter

Petrefakten alte Bezeichnung für Fossilien

petricol Organismen, die auf Gestein leben

petrophil Lebewesen, die steinigen Untergrund bevorzugen

Phänotyp Erscheinungsbild; Zusammenfassung der sichtbaren Merkmale eines ausgewachsenen Individuums

Pharmakognosie Drogenkunde; Lehre von den Arzneimittel-Grundstoffen

Pharmakologie Lehre vom Aufbau und der Wirkungsweise von Arzneimitteln bzw. ganz allgemein von chemischen Stoffen

Pharmazie Lehre von den Arzneimitteln

Pharynx Schlund, Rachen

Phasenkontrast Verfahren in der Mikroskopie, um Objekte ohne Färbung kontrastreicher darzustellen

Pheromone äußerlich durch Signalcharakter wirkende, artspezifische Hormone

Phloem Siebteil des Leitbündels bei Pflanzen

Phobotaxis Bewegungsänderung bei freibeweglichen Individuen aufgrund einer Schreckreaktion

Photobiologie Teilgebiet der Chemie und Biologie, das sich mit der Einwirkung von Licht auf Organismen befaßt

Photokinese Bewegungen eines Organismus aufgrund von Lichteinfluß

Photoperiode Länge der täglichen Belichtungszeit

photophil lichtliebend; lichtarme Bereiche meidend

photophob lichtscheu

Photosynthese Aufbau von energiereichen, organischen Verbindungen aus energiearmen, anorganischen Stoffen mit Hilfe der Strahlungsenergie des Sonnenlichtes. Die Photosynthese der Pflanzen kann als die Grundlage des Lebens angesehen werden

Phototaxis durch Lichteinwirkung hervorgerufene Bewegungen von Organismen

Phototropismus zum Licht hin zeigende Krümmung von Pflanzenteilen

Phragmition Schilfzone, Verlandungsgürtel von Seen

Phragmocon gekammerte Teile eines Cephalopodengehäuses

pH-Wert Maß für den Säuregrad des Wassers, negativer dekadischer Logarithmus der Wasserstoffionen-Konzentration. 0 – 7 = sauer; 7 – 14 = alkalisch, 7 = neutral

Phycologie Algenkunde

Phyllodium blattartig verbreiterter Blattstiel

Phylloid blattähnliches, noch wenig differenziertes Assimilationsorgan bei niederen Pflanzen

Phyllophagen blätterfressende Tiere

Phylogenie Stammesentwicklung, Stammesgeschichte

Physiognomie Ausdruck des Gesichtes

Physiologie Lehre von den Lebensvorgängen und Lebensäußerungen von Pflanze, Tier und Mensch

physiologische Chemie Biochemie

physisch körperlich

Phytochemie Chemie der Pflanzenstoffe

Phytogeographie Pflanzengeographie

Phytohormone Pflanzenhormone, Pflanzenwuchsstoffe

Phytologie Botanik

Phytomedizin Pflanzenheilkunde

Phytophagen Pflanzenfresser

Phytoplankton pflanzliches Plankton

Phytotelmen kleine Wasseransammlungen in Pflanzenteilen

Phytotelmon charakteristische Lebensgemeinschaft kleiner Wasseransammlungen in Pflanzenteilen

Phytotoxine Pflanzengifte

Pigmente natürlich vorkommende, tierische und pflanzliche Farbstoffe

Pigmente Beim Roten Neon *Paracheirodon axelrodi* besteht der rote Farbstoff aus Pigmenten. Das Blau ist eine Schillerfarbe.

pikieren Auseinandersetzen dicht stehender Sämlinge und Jungpflanzen

Pilzkrankheiten durch Pilze verursachte Krankheiten

pinzieren Entfernen krautiger Pflanzenendtriebe zur Förderung der Seitenverzweigung

Pionierpflanzen Erstbesiedler pflanzenfreier Flächen

Placenta bei Pflanzen: die Ansatzstellen der Samenanlagen. Bei Tieren: Mutterkuchen, das Verbindungsorgan zwischen Embryo und dem mütterlichen Organismus

Placodermi Panzerfische; bereits im unteren Karbon ausgestorbene, vorzeitliche Fische

Plankton Sammelbezeichnung für kleine und kleinste Lebewesen, die im Wasser dahintreiben oder schweben und nicht oder nur unvollkommen zu eigenen Ortsbewegungen fähig sind

Planogameten begeißelte Geschlechtszellen

Planosporen beigeißelte, einzellige Fortpflanzungskörper (Sporen) von Algen und Pilzen

Plasmaströmung Bewegung des Protoplasmas in Pflanzenzellen

Plastiden Inhaltsbestandteile von Pflanzenzellen

Plastizität Fähigkeit von Lebewesen, sich verschiedenen Umweltbedingungen anzupassen

Plastotypus künstlich hergestelltes Ebenbild eines Typus

Pleiochasium Trugdolde, Scheindolde

Pleistophora Fischkrankheit, hervorgerufen durch Mikrosporidien; bekannt als „Neon-Krankheit"

Pleistozän Eiszeitalter; jüngstes Erdzeitalter vor der Jetztzeit. Beginn etwa 2 Mio. Jahre vor unserer Zeit

Pliozän letztes Erdzeitalter des Tertiärs, vor ca. 5 Mio. bis 2 Mio. Jahren vor unserer Zeit

Podsol Bodentyp der Taiga und der südlichen Tundra; auch Bleichboden oder Aschenboden genannt

Poikilothermie Bezeichnung für die nicht oder nur unvollkommen vorhandene Fähigkeit wechselwarmer Tiere, ihre Körpertemperatur auf einem konstanten Wert zu halten

poikilotherm bei Tieren wechselwarm

Pollen Mikrosporen der Samenpflanzen

Pollution Umweltverschmutzung

Polygamie Vielehe, sexuelle Beziehungen eines Individuums zu mehreren Partnern des anderen Geschlechts. Bei Pflanzen bedeutet dieser Begriff das Auftreten eingeschlechtlicher Blüten neben Zwitterblüten

Polycotyledonie Vielkeimblättrigkeit

Polymorphismus Vielgestaltigkeit

polyphag von vielen verschiedenen Nahrungsmitteln lebend

polyphyletisch vielstämmig; Abstammung von mehreren Stämmen

polypod vielfüßig

Polyspermie Mehrfachbesamung

polytrich Bakterienzellen, die mehr als eine Geissel besitzen

Pomologie Lehre vom Obstbau

Population Besiedlungsdichte einer Organismenart innerhalb eines bestimmten Raumes

poikilotherm Bergmolch *Triturus alpestris*.

Poren kleine Hohlräume, Kanäle oder Öffnungen in Körpern oder Gebilden, z.B. Hautporen

Posidonienschiefer Ablagerungen des Jurameeres; bekannt durch seine gut erhaltenen Fossilien (ca. 180 Mio. Jahre)

Postglazial Nacheiszeit

Potential Leistungsfähigkeit

Potenz Zeugungsfähigkeit

ppm parts per million; ein Teil einer Substanz in einer Million Teilen der Gesamtsubstanz

Präadaption Anpassung eines Organismus, der einen Wechsel des Lebensraumes ermöglicht

Primatologie Lehre von den Herrentieren

Prognathie vorspringende Kieferpartie, Schnauzenbildung

Prolongation Verlängerung

Prophylaxe Maßnahme zur Vorbeugung, (Krankheits-)Verhütung

Proportion Verhältnis einzelner Größen zueinander

Prostata Vorsteherdrüse

Proteine Eiweiße, Eiweißstoffe

Proterandrie die Eigenschaft zwittrig veranlagter Tiere, zuerst männlich und dann nach weiterem Wachstum weiblich zu sein

Prothallia Vorkeim der Farnpflanzen

Präadaption Der Schlammspringer *Periophthalmus* kann sowohl im Wasser als auch auf dem Land leben.

Prädatoren Tiere, die lebende Beute machen; Raubtiere

Praemolaren die vorderen Backenzähne

Prähominiden menschenähnliche Lebewesen, Vorfahren des Menschen

Präkambrium ältester Abschnitt der Erdgeschichte

pränatal vor der Geburt

Präsenz Anwesenheit; Vorkommen einer Organismenart in verschiedenen Beständen des gleichen Biotop-Typs

Prävention Verhütung; vorbeugende Maßnahme

Primaten Herrentiere; Ordnungsbegriff, der den Menschen zusammen mit den Affen, Halbaffen, Riesengleitern und Fiedertieren zu einer Gruppe vereinigt

Proterandrie Beim Weißbinden-Glühkohlen-Anemonenfisch *Amphiprion frenatus* können sich Männchen in Weibchen verwandeln.

Proterogynie die sehr seltene Eigenschaft zwittrig veranlagter Tiere, zuerst weiblich und danach männlich zu sein

Protisten Mikroorganismen

protogen am Fundort entstanden

Protophyten einfachste Organisationsstufe pflanzlichen Lebens

Protoplasma Lebenssubstanz aller pflanzlichen, tierischen und menschlichen Zellen

Protoplast Bezeichnung für den lebenden Zellkörper bei pflanzlichen und Bakterien-Zellen

protozerk Bezeichnung für eine saumförmige Schwanzflosse bei Fischen

Protozoen Einzeller

Protozoologie Lehre von den tierischen Einzellern

Provenienz Herkunft

Proventivknospen „schlafende Augen" bei Pflanzen

Proventivsprosse Sprosse, die aus „schlafenden Augen" hervorgehen

Provitamine Stoffe, die im Organismus durch biochemische Umwandlung in wirksame Vitamine übergehen

proximal am nächsten

psammophil sandliebend

Psammophyten Sandpflanzen

Pseudofossilien Scheinfossilien; anorganische Gebilde, die eine Ähnlichkeit mit Organismen vortäuschen

Pseudopodien Scheinfüßchen mancher Einzeller; Plasmaausstülpungen bei Einzellern

psychisch seelisch

Psychophilie Bestäubung durch Schmetterlinge

psychrophil kälteliebend

Pubertät Geschlechtsreife

Pupille zentrale Öffnung in der Iris des Wirbeltierauges

Puppe Ruhestadium bei der Metamorphose von Insekten

Putzen Verhalten von Tieren, das der Körperpflege eines anderen Individuums dient, z.B. das Entfernen von Schmutz und Ektoparasiten

Pygmäen Zwergwuchsrassen beim Menschen

Pyrogene fiebererzeugende Stoffe

Q

Quadrupedie Vierfüßigkeit

Qualle zu den Hohltieren (Coelenterarta) gehörende Nesseltiere (Cnidaria)

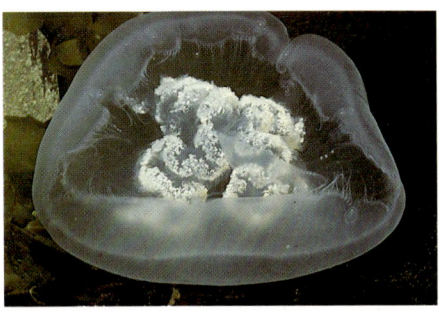

Qualle Die Ohrenqualle *Aurelia aurita* gehört zu den Medusen.

Quanten Bezeichnung für kleinste Energiemengen, die bei mikrophysikalischen Vorgängen als Ganzes aufgenommen oder abgegeben werden

quantifizieren Eigenschaften in Zahlen und meßbare Größen umformen

Quantität Menge, Größe

Quarantäne zwangsweise Isolierung zur Vermeidung ansteckender Krankheiten

Quartär Eiszeitalter; jüngste Periode der Erdgeschichte (vor etwa 2 Mio. Jahren bis heute)

Quastenflosser Ordnung der Fische, aus welcher wahrscheinlich die Wirbeltiere hervorgegangen sind

Quieszenz Überdauerungsstadium ungünstiger Umweltbedingungen, Ruhestadium

R

Rädertiere im Wasser lebende Kleinorganismen. Haben am vorderen Ende das sog. Räderorgan, welches aus einem Kranz langer Wimpern rund um das Mundfeld besteht, deren Bewegung den Eindruck eines sich drehenden Rades vortäuscht

radial strahlenförmig

Radiation Strahlung, Ausbreitung

Radikation Bewurzelung

Radioaktivität spontaner Zerfall von Atomkernen unter Aussendung von Strahlung

Radio-Carbon-Methode Meßverfahren zur Altersbestimmung organischer Substanz

Radix Wurzel

Ramifikation Verzweigung

Rangordnung Ausbildung sozialer Stellungen innerhalb einer Tiergruppe

Reagens Stoff, der mit anderen Stoffen eine chemische Reaktion eingeht

Redoxpotential relative, chemische Meßgröße, die über das Oxidations- oder Reduktionsvermögen eines Stoffes oder Stoffgemisches Auskunft gibt

Reduktion chemische Reaktion, die unter Elektronenzufuhr oder Sauerstoffentzug zu einem verringerten Oxidationszustand führt

Recycling Abfallverwertung; Rückführung in den Verbrauchs- oder Produktionskreislauf

Reflex Auslösung einer unwillkürlichen Reaktion durch einen Reiz

Refugium Zufluchtsort, Rückzugsgebiet

Regeneration Erneuerung, Wiederherstellung

regressiv rückbildend

Reinvasion erneute Besiedlung eines Areals durch eine Organismenart, die schon früher dort einmal heimisch war. Bei Parasiten spricht man in demselben Sinne beim Wiederbefall eines Wirtes

Rekrete anorganische Stoffe, die von der Pflanze aufgenommen und sofort in Dauergeweben oder in Zellwänden abgelagert werden und aus dem Stoffwechsel ausscheiden

Relaxation Entspannung oder Entschlaffung von Muskeln; verzögerte Reaktion eines Körpers nach einer mechanischen, elektrischen oder magnetischen Krafteinwirkung

Relikte Bezeichnung für Arten, die früher in einem bestimmten Gebiet verbreitet waren und heute nur noch vereinzelt vorkommen

Repellents Substanzen, die vor allem zur Abwehr von Insekten verwendet werden

Repression Zurückdrängung, Unterdrückung

Reproduktion Fortpflanzung

Reptilien Kriechtiere

Reservestoffe Speicherstoffe

Resistenz Widerstandsfähigkeit

Resorption i.w.S. Aufnahme gelöster oder flüssiger Stoffe in das Zellinnere

Respiration Atmung

Respirationsorgane Atmungsorgane

Ressourcen vorhandene, zum Überleben wichtige Stoffe oder Faktoren

Restitution Wiederherstellung

Resupination Drehung einer Blüte während ihrer Entwicklung um 180°

Retardation Verzögerung

Retina Netzhaut des Auges

Revier Territorium, Eigenbezirk

rezent in der Gegenwart lebend (Ggs. fossil)

Rezeptoren Organelle, Zellen oder Moleküle, die Reize aus der Umwelt oder dem Inneren eines Organismus aufnehmen

Rezessivität Vererbungsmerkmale, die von dominanten Merkmalen zurückgedrängt werden

rheobiont Bezeichnung für Organismen, die in schnellfließenden Gewässern leben

Rezessivität Albinismus ist ein rezessiver Faktor. Albino-Schwertträger *Xiphophorus helleri*.

Rhipidistia Unterordnung der Quastenflosser, in der diejenigen zu suchen sind, die an Land gingen und so zu den Vorfahren von Amphibien und Reptilien wurden

Rhizodermis bei Pflanzen Oberhaut (Epidermis) der jungen Wurzel

Rhizogenese Wurzelbildung

rhizoide haarförmig ausgebildete Zellen bei Moosen und Farnprothallien, die sowohl zur Verankerung auf dem Substrat als auch zur Nährsalzaufnahme dienen

Rhizolithen Felsenpflanzen, die in der Lage sind, mit Wurzeln oder Rhizoiden in das Gestein einzudringen und somit nackten Fels besiedeln können

rhizom Erdsproß, Wurzelstock

Rhizophyten Bezeichnung für Pflanzen, die stets Wurzeln ausbilden

rhodoxanthin roter Farbstoff (Carotinoid), der sowohl in Pflanzen als auch im Gefieder von Vögeln vorkommt

Riboflavin Vitamin B_2

Ribonucleinsäuren kettenförmige Makromoleküle, die der Speicherung und Übertragung von genetischer Information dienen

Riechepithel Riechschleimhaut

Ried Bezeichnung für sumpfiges Gelände und gleichzeitig Begriff für die gesamte Sumpfvegetation

Riedgras Seggen, Sauergräser

ripicol uferbewohnend

Riss-Eiszeit vorletzte Eiszeit, vor ca. 200 000 – 150 000 Jahren

Rostrum bei Fischen schnabelartige Verlängerung der Schnauzenregion

Rotliegendes untere Epoche der Permzeit, vor ca. 260 – ca. 230 Millionen Jahren

Ruderalpflanzen Pflanzen, die Schutt- und Trümmerplätze, steinige Böschungen u. a. besiedeln

Rudiment Bruchstück, Überbleibsel

Rundmäuler Cyclostomata, Klasse der Kieferlosen (Agnatha), bei uns vertreten u. a. durch die Neunaugen

S

Saisondimorphismus Auftreten zweier Erscheinungsformen einer Art in Abhängigkeit von der Jahreszeit

Salinität Salzgehalt

Salzböden Böden mit hohem Salzgehalt, z. B. an den Meeresküsten

Saprolegnia Wasserschimmelpilze; befallen u. a. auch Fische

Saprophagen Aasfresser

Saprophyten Pflanzen, die nicht zur Photosynthese fähig sind und ihren Nährstoffbedarf ganz oder teilweise aus toter organischer Substanz beziehen

Sarcopterygia Fleischflosser; Unterklasse der Fische, zu der die Quastenflosser und die Lungenfische gehören

Sargassosee zwischen Azoren und Bermudas gelegener Meeresteil mit großem Vorkommen des Blasentangs Sargassum; Laichgebiet der Aale

Sauerstoff zweiwertiges, chemisches Element, das als Bestandteil der Atmosphäre und des Wassers sowie der meisten organischer Verbindungen von größter biologischer Bedeutung ist; Oxygenium, chem. Zeichen: O

Sauerwiesen auf nährstoffarmen Böden gedeihende Pflanzengesellschaft, die sich im wesentlichen aus Sauergräsern (Carex u. a.) zusammensetzt

Savanne tropisches Grasland

Schädellose Unterstamm der Chordatiere, auch als niedere Chordaten bezeichnet. Diese Tiere haben keinen Schädel. Als Stützelement dient ihnen die „Chorda dorsalis", die entwicklungsgeschichtlich als Vorläufer der Wirbelsäule betrachtet wird. Einer der wichtigsten Vertreter der Schädellosen ist das Lanzettfischchen Branchiostoma

Schildpatt Schilder des Rückenpanzers der echten Karettschildkröte

Schwarmfische Bezeichnung für Fische, die sich in Schwärmen zusammenschließen. Solche Schwärme können eine lebenslange Gemeinschaft bilden, wie beispielsweise bei den Heringen, oder vorübergehend aus einer Notsituation entstehen, wie beispielsweise bei drohender Gefahr, und die sich dann wieder auflösen

Schwarzwasser durch Huminsäuren dunkel gefärbte und sauer reagierende Gewässer

Schwermetalle Metalle mit einer Dichte von mehr als 4,5 g/cm^3. Manche Schwermetalle wirken im Wasser toxisch, wie beispielsweise Zink und Kupfer

Schwimmblätter Blätter von Wasserpflanzen, die ihre Spreite auf dem Wasserspiegel ausbreiten, z.B. Seerosen

Schwimmpflanzen wurzellose Wasserpflanzen, die untergetaucht schwimmen, z.B. Hornkraut (Ceratophyllum), oder solche Pflanzen, die die Wasseroberfläche besiedeln, Wurzeln ausbilden, die jedoch nicht an den Bodengrund als Substrat gebunden sind, z.B. Pistia, Riccia u.ä.

Scutellum schildförmiges Keimblatt bei Gräsern

Sedimentation das Absetzen spezifisch schwererer Partikel in einer Flüssigkeit. Bildung von Sedimentschichten am Boden von Gewässern

Sedimentgestein durch Verfestigung von Sedimenten entstandene Gesteine, z.B. Sandstein. Solche Gesteine spielen eine große Rolle für die Entstehung von Fossilien

Seekatzen Chimaeren; eine heute nur noch wenig verbreitete Gruppe von urtümlichen Fischen, die ihre Blüte in der Steinkohlenzeit hatte

Segge Riedgras, Gattung der Sauergräser

Seimonastie schnellablaufende Variationsbewegungen bei pflanzlichen Organen, ausgelöst durch Erschütterungs- oder Berührungsreize

Seitenlinienorgane Strömungssinnesorgane, die es Fischen und im Wasser lebenden Amphibien ermöglichen, Wasserbewegungen wahrzunehmen

Seitennerven Bezeichnung für kleinere Blattadern, die von der Hauptblattader abzweigen

Sekrete bei Lebewesen von Drüsen abgeschiedene Stoffe, die für die Organismen von funktioneller Bedeutung sind

Sekretion aktive und selektive Abscheidung bestimmter Stoffe aus speziellen Sekret- oder Drüsenzellen

Sexualdimorphismus Paar vom Kap Lopez *Aphyosemion australe,* oben Männchen.

Sekretzellen Drüsenzellen

Sektion 1. Anatomie: das Abschneiden eines Organteiles oder das Aufschneiden eines Körpers
2. Systematik: Untergliederung einer systematischen Einheit

Sekundärinsekten forstwirtschaftliche Bezeichnung für Insekten, die krankes pflanzliches Gewebe befallen

Sekundärparasit Parasit, der einen Wirt zu besiedeln versucht, der schon vorher von anderen Parasiten befallen war

Sekundärvegetation natürliche Vegetation, die sich nach Zerstörung der ursprünglichen Vegetation von selbst einstellt und meist verhältnismäßig artenarm ist

Selbstbefruchter 1. Botanik: Bezeichnung für Pflanzen, die sich zur Fortpflanzung selbst befruchten
2. Zoologie: bei Tieren gibt es auch Selbstbefruchter, z. B. Bandwürmer

Selektion Auswahl, Auslese

Selektionsdruck Bezeichnung für Umweltbedingungen, die eine Veränderung der Anpassung notwendig machen und bei Vorliegen einer entsprechenden Variation auch erzwingen. (So können auch Arten, die nicht miteinander verwandt sind, unter einem solchen Druck ähnliche Anpassungserscheinungen zeigen)

semipermeabel halbdurchlässig, d.h. nur für eine Teilchenart, z. B. Lebensmittelmoleküle, durchlässig, aber nicht für gelöste Teilchen

Seneszenz Pflanzen, Tieren und Mensch gemeinsamer Alterungsprozeß, der mit der Akkumulation schädlicher Substanzen, Gewebsveränderungen sowie dem schrittweisen Verlust zahlreicher physiologischer Funktionen einhergeht

senil greisenhaft, vergreist

Sensibilität Fähigkeit des tierischen und menschlichen Organismus zur Aufnahme von Reizen, die an das Vorhandensein von Sinnesorganen und Nerven geknüpft ist

Sepalen in der Botanik: Kelchblätter

Separation Trennung; zufälliger Vorgang, durch den eine Populationsgemeinschaft einer Art in zwei geografisch getrennte Populationsgemeinschaften aufgeteilt wird

Septen 1. Botanik: Bezeichnung für die echten Scheidewände von Fruchtknoten
2. Zoologie: Bezeichnung in der Anatomie für dünne Scheidewände in Hohlräumen tierischer Körper

septiert durch Scheidewände geteilt

septifrag in der Botanik: Bezeichnung für Früchte, die im Reifezustand durch Zerbrechen der Septen in Teilfrüchte zerfallen

Sequenz Folge, Reihenfolge

Serologie Lehre von den Eigenschaften der Blutflüssigkeit

sessil festsitzend

Sexualdimorphismus man spricht von S., wenn zwischen den Geschlechtern einer Art deutliche Unterschiede in Färbung, Gestalt, Größe, Physiologie oder im Verhalten bestehen

Sexualduftstoffe Phermomone; Duftstoffe, die der innerartlichen Kommunikation dienen und von einem Geschlecht zur Anlockung und sexuellen Erregung des Geschlechtspartners eingesetzt werden

Sexualhormone Geschlechtshormone

sexuelle Fortpflanzung geschlechtliche Fortpflanzung

sezernieren ein Sekret absondern

sezieren (eine Leiche) öffnen, anatomisch zerlegen

silvicol im Wald lebende Tiere

Simse Sauergräser aus der Gattung Scirpus

Sklerophyllen Hartlaubgewächse

solitär einzeln lebende Tiere, seltener auch für einzelnstehende Pflanzen

somatisch 1. den Körper betreffend
2. Bezeichnung für Teile des Organismus bzw. für Prozesse, die an der sexuellen Fortpflanzung nicht unmittelbar beteiligt sind

somatogen 1. körperlich bedingt
2. Bezeichnung für individuelle, nicht vererbbare Veränderungen am Körper

Sozilogie Gesellschaftslehre

Spadix 1. Botanik: kolbenartiger Blütenstand

Bio-Lexikon

2. Zoologie: Kopulationsorgan der Perlboote (Nautilus = Schalentintenfisch)

Spaltenfüllung wieder aufgefüllte Gesteinsfugen; oft recht ergiebige Fundstellen für Fossilien

Spaltöffnungen spezielle, bohnenförmig gestaltete Pflanzenzellen mit einem verschließbaren Spalt, die dem Gasaustausch (O_2-Aufnahme und CO_2-Abgabe) sowie der Wasserdampfabgabe dienen

Spätglazial ausgehende Eiszeit von etwa 14 000 – 8000 v. Chr.

Spatha Blütenscheide; Bezeichnung für das oft gefärbte Hochblatt, das den Blütenstand der Palmen und Aronstabgewächse als Hülle umgibt

spec. Abkürzung für Species = Art

Speicherblätter verdickte Blätter, die zur Speicherung von Wasser oder Reservestoffen dienen

Spelaeologie Höhlenkunde

Spelaeozoologie Lehre von den Tieren, die in Höhlen leben

Spelaeozoologie Blinder Höhlensalmler *Astyanax mexicanus.*

Speziation Artbildung

spinal die Wirbelsäule bzw. das Rückenmark betreffend

Spongin skelettbildende Substanz bei Schwämmen

Spongiolithen Gesteine, die in fossilen Schwammriffen gebildet wurden

Spongiologie Wissenschaft von den tierischen Schwämmen

Sporangien Sporenbehälter; Bezeichnung für die Bildungsstätten der Sporen

sporogen sporenbildend

Sporozoen parasitische Einzeller

spp. Abkürzung für die Mehrzahl von Species = die Arten.
So bedeutet z. B. Barbus spp. = mehrere Arten der Gattung Barbus

Spritzloch Spiraculum; bei Knorpelfischen die stark verkleinerte vorderste Kiemenspalte; Knochenfische haben kein Spritzloch

Spurenelemente chemische Stoffe, die in geringen Mengen vorliegen müssen, um den reibungslosen Ablauf der Lebensvorgänge zu ermöglichen. Das Fehlen oder auch nur der Mangel an Spurenelementen führen zu charakteristischen Mängelerkrankungen

ssp. Abkürzung für Subspezies = Unterart (auch subspec.)

stagnicol Bezeichnung für Organismen, deren Lebensraum in ruhigen Süßgewässern liegt

staminat Bezeichnung für Blüten, die nur Staubblätter ausbilden

Stammsukkulenten Pflanzen mit dicken, fleischlichen Stämmen, die Blatt- und Wasserspeicherfunktionen übernehmen

Steinkohle fossiler Brennstoff, der aus Farnen, Schachtelhalmen und Bärlappgewächsen entstanden ist

Steinzeit Abschnitt der menschlichen Vorgeschichte, der durch Fertigung und den Gebrauch von Werkzeugen aus Stein geprägt ist. Wir unterscheiden zwischen Alt-, Mittel- und Jungsteinzeit

stenohalin Bezeichnung für Lebewesen, die keine großen Schwankungen im Salzgehalt des Wassers ertragen

stenoek Bezeichnung für Organismen, die nur geringe Schwankungen der Umweltbedingungen ertragen

stenophag Bezeichnung für Lebewesen, die auf eine bestimmte Nahrung spezialisiert sind

stenotherm Bezeichnung für Organismen, die nur geringe Temperaturschwankungen ertragen

Bio-Lexikon

Steppe natürliche Grasformation, die durch Winterkälte und Sommertrockenheit geprägt ist

Stereotypie Bezeichnung für die ständig gleichförmige Wiederholung von Verhaltensweisen

steril unfruchtbar, keimfrei

Sterilisation Unfruchtbarmachung bzw. in der Mikrobiologie die Abtötung aller Mikroorganismen

Sterilität Unfruchtbarkeit; Keimfreiheit

Stielaugen bei Krebstieren häufige, stielartig verlängerte Augen, die so über das Niveau des Panzers hinausragen und einen besseren Überblick gewährleisten

Stoffwechsel Bezeichnung für die Gesamtheit aller chemischen Reaktionen im Organismus von Pflanze, Tier und Mikroorganismen

Stoma zoologisch: Mund
botanisch: Spaltöffnung

Stromatolithen zu Stein gewordene Lebensspuren primitiver Algen oder Bakterien. Sie gehören zu den ältesten Spuren vorzeitlichen Lebens. Sie stellen keine Skelettreste dar. Ihr Alter liegt meist zwischen ein und drei Milliarden Jahren

Stylus 1. Botanik: Der Griffel
2. Zoologie: der Hüftgriffel

subfossil Überreste von Organismen, deren Steinwerdung nur unvollständig vollzogen ist. Sämtliche Eiszeitfossilien sind subfossil, da mit einer völligen Fossilisation kaum vor Ablauf von einer Million Jahren gerechnet werden kann

submarin unter dem Meeresspiegel lebend, befindlich oder entstanden

submers untergetaucht, unter der Wasseroberfläche liegend oder lebend; Bezeichnung z.B. für Pflanzen, die unter Wasser leben

Subspezies Unterart

Substrat Material, auf oder in dem Tiere bzw. Mikroorganismen leben und sich entwickeln bzw. Stoffe, die sie im Stoffwechsel abbauen

subterran unterirdisch entstanden bzw. unter der Erdoberfläche befindlich

Stielaugen Anemonen-Einsiedler *Eupagurus prideauxi*.

155

Subtropen Übergangszone zwischen tropischen und gemäßigten Zonen

Sukkulenten Dickblattpflanzen; die verdickten Blätter, Sprosse oder auch Wurzeln dienen als Wasserspeicher (z.B. Agave, Kakteen)

Sulfate Salze und Ester der Schwefelsäure

Sulfite Salze der schwefligen Säuren

Sumpf ständige von Grund-, Quell- oder Sickerwasser durchtränktes, gelegentlich überflutetes, höchstens oberflächlich abtrocknendes Gelände mit üppigem Pflanzenwuchs

Sumpfgas Biogas, Faulgas; Bezeichnung für das bei der anaeroben Zersetzung organischer Stoffe entstehende Gasgemisch

Suspension Aufschlämmung, feine Verteilung fester Partikel in Flüssigkeiten

Süßwasser Wasser mit weniger als 0,5‰ Salzgehalt

Sutur Naht; naht- oder furchenartige Strukturen an der Oberfläche von Körperteilen oder Organen

Symbionten Tier- oder Pflanzenarten, die in einer symbiontischen Wechselbeziehung zum gegenseitigen Nutzen zueinander stehen

Symbiose gesetzmäßige Vergesellschaftung artverschiedener Organismen zum gegenseitigen Nutzen, z.B. Anemone und Anemonenfisch

Symbol Merkzeichen, Erkennungszeichen

Sympatrie Bezeichnung für das gemeinsame Vorkommen verschiedener Arten im selben Lebensraum

Symptom 1. allgemein: Anzeichen, Kennzeichen
2. Medizin: typisches Krankheitszeichen

Synandrie in der Botanik: Bezeichnung für das abnormale Verwachsen von Staubblättern

Synchronisation im biologischen Sinne Gleichschaltung des Beginns oder des Ablaufs von Vorgängen

Syndrom mehrere Kennzeichen, die zusammen ein bestimmtes Krankheitsbild ergeben

Symbionten Weißrücken-Anemonenfisch *Amphiprion akallopisos* leben zwischen den Tentakeln der Anemonen.

Bio-Lexikon

Synergismus Zusammenwirken und die gegenseitige Förderung von Faktoren oder Substanzen

Syngamie Vereinigung zweier Geschlechtszellen bei sexueller Fortpflanzung

Synoeken Bezeichnung für Tiere, welche als Mitbewohner den Wohnbereich einer anderen Tierart mitbenutzen

Synoekie Wohngemeinschaft; das harmlose Mitbewohnen der Wohnung einer Tierart durch eine andere

Synonyme verschiedene Namen für dasselbe Taxon

Systematik in der Biologie ein Ordnungssystem, das die einzelnen Organismen gemessen an verwandtschaftlichen Merkmalen gegeneinander abgrenzt und in ein System einordnet

T

Taiga nördliche polnahe Nadelwaldzone, die sowohl in Nordeuropa als auch in Sibirien und Nordamerika zu finden ist

taktil den Testsinn betreffend

Tange große Algen, vornehmlich Braunalgen

Taxon Einheit des biologischen Systems

Taxonomie Theorie und Praxis der biologischen Qualifikation, meist gleichbedeutend mit Systematik verwendet

Telson letzter, postsegmentaler Körperabschnitt bei Gliederfüßern, z.B. bei vielen Krebsen Teil des Schwanzfächers

temperierte Zone die gemäßigte Zone

temporäre Gewässer Gewässer, die zeitweilig austrocknen. Solche Gewässer können im Zuge der Schneeschmelze oder nach ausgiebigen Regenfällen entstehen. Organismen, die solche Gewässer bewohnen, haben die Fähigkeit, mit Hilfe von Dauerstadien oder der Trockenstarre Trockenzeiten zu überleben (z.B. Dauereier der Eierlegenden Zahnkarpfen)

Tentakel in der Zoologie versteht man unter Tentakel ein längliches, bewegliches Organ am Körper, das dem Beutefang dient. Auch die Fangorgane mancher fleischfressenden Pflanzen (z.B. Morgentau) und der Anemonen werden so bezeichnet

Teratogene Substanzen, die die Entwicklung des Embryos im Mutterleib stören und zu Mißbildungen führen können

Terebratula alte Sammelbezeichnung für gewisse Brachiopoden

Terminologie Gesamtheit der Fachausdrücke (Termini) und auch die Lehre davon

Tertiär Abschnitt der Erdgeschichte, der einen Zeitraum zwischen 65 und 2 Millionen Jahren vor unserer Zeit ausfüllt. Das Tertiär wird in folgende Unterabschnitte aufgeteilt: Paleozän, Eozän, Oligozän, Miozän und Pliozän

Testa bei Pflanzen die Samenschale

Tethys das erdumspannende Urmeer, das bis zum Beginn des Tertiärs bestand und als Folge der Kontinentaldrift langsam in die heutigen Ozeane auseinanderfloß und dabei auch Binnenmeere, wie das Schwarze Meer und die großen russischen Seen, hinterließ

Tetrodotoxin Nervengift, welches besonders in Igel- und Kugelfischen enthalten ist

Tetrodotoxin Auch der Niger-Kugelfisch *Tetraodon fahaka strigosus* besitzt das starke Gift.

Thallophyten Sammelbezeichnung für vielzellige Pflanzen, deren vielzelliger Vegetationskörper noch nicht in die hochentwickelten Organsysteme von Wurzel, Sproß und Blätter gegliedert ist. Zu den Th. zählen die mehrzelligen Algen, die Flechten und die Moose

157

Bio-Lexikon

Thallus der vielzellige Vegetationskörper niederer Pflanzen

Thanatologie die Lehre vom Tod und vom Sterben

Thanatose die Fähigkeit einige Gliederfüßer, sich bei Gefahr tot zu stellen

Thanatozönose Grabgemeinschaft

Thermalgen Algen, die in warmen Quellen leben

thermophil wärmeliebend

Thermotaxis Orientierungsbewegung von frei beweglichen Organismen, die durch Temperaturdifferenzen ausgelöst wird

Thermotropismus durch Temperaturdifferenzen ausgelöste Krümmungsbewegungen pflanzlicher Organe

Thorax 1. bei Wirbeltieren: Brust
2. bei Insekten: Bruststück

Thrombocyten Blutplättchen; Bestandteile des Blutes, die eine wichtige Rolle bei der Gerinnung des Blutes spielen

Thyreoidea Schilddrüse

Tibia 1. Schiene; Abschnitt der Extremitäten bei Gliederfüßern
2. Schienbein

Tocopherol Vitamin E

Toleranz 1. Ökologie: Fähigkeit, bestimmte Umweltfaktoren längerfristig zu ertragen
2. Parasitologie: Parasitenbefall ohne ersichtliche Schädigung des Wirts

Tonsillen die Mandeln

Torfhund Bezeichnung einer frühen Hunderasse, die im Gefolge des Menschen bereits in der mittleren Steinzeit auftrat

Torfmoose Moose aus der Gattung Sphagnum, die Moore besiedeln und aus deren Überresten Torf entsteht

Toxikologie Lehre von den Giften und ihren Wirkungen auf den Organismus

Toxine organische Substanzen von Organismen, die schädlich oder tödlich für Zellen, Zellkulturen oder Organismen sind

toxisch giftig

Tradition die Weitergabe erlernter Verhaltensweisen innerhalb einer Gruppe von Individuum zu Individuum über Generationen hinweg

Transformation Umwandlung normaler Zellen zu Tumorzellen durch Infektion mit Tumorviren

Transpiration 1. Botanik: Atmung; regulationsfähige Abgabe von gasförmigem Wasser durch die Pflanze an die Umgebung
2. Zoologie: vermehrte Schweißabsonderung bei drohender Wärmestauung

Transplantation 1. Botanik: Veredlung
2. Zoologie, Medizin: Gewebs- bzw. Organverpflanzung

Trauma Verwundung; kann sowohl im Sinne einer körperlichen als auch einer psychischen Verletzung gebraucht werden

Trias Gruppe von drei zugleich auftretenden Symptomen einer Krankheit

Trias Erdzeitalter; älteste Periode des Erdmittelalters (Mesozoicum) von etwa 225 – 190 Millionen Jahren vor unserer Zeit. Wird in drei Abschnitte eingeteilt: Buntsandstein, Muschelkalk und Keuper

Tribus systematischer Begriff in der biologischen Klassifikation zwischen Gattung und Familie

Trichoblasten in der Botanik: Zellen der Wurzelhaut (Rhizodermis), die zu Wurzelhaaren auswachsen

Trichodina Ektoparasit; Wimpertierchen, das auf der Oberhaut von Fischen schmarotzt

Trilobiten ausgestorbene Gliederfüßer, die als Vorfahren von Krebsen und Insekten angesehen werden können. Tribolten lebten ausschließlich im Erdaltertum (Palaeozoicum) und sind vor etwa 260 Millionen Jahren ausgestorben. Es sind über 1500 Gattungen und an die 10 000 Arten bekannt

trinäre Nomenklatur beinhaltet die Möglichkeit, ein Lebewesen unterhalb der Art zu klassifizieren nach dem Schema Gattung – Art – Unterart. In der Botanik muß zwischen Art unkd Unterart der Zusatz „subsp." eingeführt werden

Trivialname der volkstümliche bzw. landessprachliche Name für Tiere oder Pflanzen. Für einzelne Arten können viele Tr. bestehen. Eine einheitliche Regelung gibt es nicht

Trockenrasen gehölzarme Rasen- und Halbstrauchformationen auf relativ trockenen Standorten. Tr. sind immer locker bewachsen und weisen häufig besonders schöne Pflanzen, von der Küchenschelle bis zu den Orchideen, auf

Tropen Klimazone um den Äquator ohne bedeutende jahreszeitliche Temperaturunterschiede

Tumor 1. krankhafte Schwellung eines Organes
2. Geschwulst (Gewebswucherung) infolge krankhafter, übermäßiger Zellvermehrung

Tundra Vegetationszone nördlich der polaren Waldgrenze (Taiga). Die Vegetation ist artenarm und besteht im wesentlichen aus Zwergsträuchern, Flechten unkd Moosen

Turgor der von innen auf die pflanzliche Zellwand ausgeübte Zellsaftdruck

Typologie Typenlehre

tyrphobiont Organismen, die nur im Hochmoor vorkommen

U

Ultraschall Schallwellen in einem Frequenzbereich, die der Mensch nicht mehr wahrnehmen kann. Es gibt jedoch Tiere, die solche Wellen in den unteren Bereichen hören können

Ultraviolett Strahlungen, die außerhalb des sichtbaren Spektrums liegen

umbilicat genabelt

Umweltgifte Giftstoffe, die meist durch menschlichen Einfluß in die Umwelt gelangen und zu Schädigungen von Pflanze, Tier oder des Menschen führen können

Unterwasserblätter untergetauchte Blätter von Wasserpflanzen, die sich in ihrer Morphologie von Luft- oder Schwimmblättern unterscheiden

Urbanisierung Verstädterung. Bildung von Großsiedlungen des Menschen, die ein Abweichen von den natürlichen Lebensbedingungen nach sich ziehen

Urfische allgemeine Bezeichnung für niedere Wirbeltiere von fischähnlichem Aussehen, die vornehmlich für die Kieferlosen (Agnatha) und die Panzerfische (Placodermi) Anwendung findet

Urflosse Flossentyp, der bei Quastenflossern und Lungenfischen vorkommt (Archipterygium). Hier gehen von einer vielgliedrigen, die Basis bildenden Achse meist auf beiden Seiten vielgliedrige Strahlen aus, die ihrerseits wieder die Flossenstrahlen tragen

Urmenschen Bezeichnung für vorgeschichtliche Menschen, die vom Australopithecus bis zum Homo sapiens fossilis, also bis in die letzte Eiszeit, hineinreicht

Urtierchen umgangssprachliche Bezeichnung für Einzeller

Urwald Bezeichnung für ein Waldgebiet, das vom Menschen nicht oder nur sehr wenig beeinflußt wird

Urwald Urwaldfluß im Khao Yai Nationalpark in Thailand.

Urzeugung Entstehung von Lebewesen aus unbelebter Materie. Ein Begriff, der für die Entstehung des Lebens in der Urzeit unserer Erde verwendet wird

Bio-Lexikon

V

Vakuole Bezeichnung für einen Hohlraum innerhalb der pflanzlichen oder tierischen Zelle, der mit Flüssigkeit oder in Ausnahmefällen mit Gas gefüllt ist

Valenz Wertigkeit

Variabilität Bezeichnung für mehr oder minder ausgeprägte Verschiedenheit bei Individuen einer Art

Ventilation Belüftung

ventral in der Bauchregion gelegen

Ventralseite die Bauchseite. Fast immer ist damit – von wenigen Ausnahmen abgesehen – die untere Seite gemeint

Ventralseite Tüpfelantennenwels *Ancistrus leucostictus*, Unterseite.

Variabilität Feuersalamander *Salamandra salamandra*.

Verbreitung Bezeichnung für die Vorkommen von Tier- und Pflanzenarten innerhalb bestimmter Gebiete. Die Skala reicht dabei vom inselartigen Einzelvorkommen (endemisch) bis zur weltweiten Besiedelung (kosmopolitisch)

Verdunstung Übergang einer Flüssigkeit in den gasförmigen Zustand bei Temperaturen, die sich unterhalb des Siedepunkts bewegen

Verhalten in der Verhaltensforschung werden damit alle Aktionen und Reaktionen eines Tieres oder eines Menschen bezeichnet

Verholung Bezeichnung für die Lignin-Einlagerung in Pflanzengewebe im Zuge des Dickenwachstums

Verkieselung sekundäres Eindringen von Kieselsäure in Gesteinshohlräume bzw. Ersatz von Substanzen in Fossilien durch Kieselsäure

Verlandung Bezeichnung für das Zuwachsen von stehenden oder langsam fließenden Gewässern vom Ufer her

Versteinerungen Fossilien

Verwesung Zersetzung organischer Substanz bei Anwesenheit von Sauerstoff

Veterinärmedizin Tierheilkunde

Viren meist kugel- oder stäbchenförmige Gebilde, die als Krankheitserreger eine

vasal die Blutgefäße betreffend

vegetabilisch pflanzlich

Vegetation Bezeichnung für die gesamte Pflanzengesellschaft eines Gebietes

Vegetationszeit Bezeichnung für den Zeitabschnitt innerhalb eines Jahres, in dem die Pflanzen wachsen, blühen und fruchten

Vegetationsruhe Bezeichnung für den Zeitabschnitt innerhalb eines Jahres, in dem das pflanzliche Wachstum ruht und nur unmerklich weitergeht

vegetative Fortpflanzung ungeschlechtliche Fortpflanzung

Vielzahl von Lebewesen befallen. Ihre Größe ist so gering, daß sie im allgemeinen nur unter dem Elektronen-Mikroskop sichtbar gemacht werden können

viril das männliche Geschlecht betreffend

Virizide Stoffe, die in der Lage sind, Viren abzutöten

Virologie Lehre von den Viren

virulent krankheitserregend, aktiv, anstekkend (von Krankheitserregern)

Virulenz Ansteckungsfähigkeit (von Bakterien)

Virus s. Viren

Visceralskelett der zu Kiemen und Kiefern in Beziehung stehende Teil des Kopfskelettes

Vitamine Gesamtbezeichnung für Stoffe, die der tierische oder menschliche Organismus zu normalem Wachstum und zu normaler Erhaltung braucht. Vitamine können vom Körper nicht selbst aufgebaut und müssen durch die Nahrung zugeführt werden

Vitaminosen Krankheiten, die durch Mangel an Vitaminen oder in seltenenk Fällen auch durch Überschuß an solchen Stoffen ausgelöst werden

vivipar lebendgebärend

Vulkanismus Vorgänge, die mit der Förderung von Lava an die Erdoberfläche verbunden sind. Der Lava-Austritt ist meist mit einer starken Explosion verbunden

W

Wassergewebe wasserspeicherndes Gewebe bei Pflanzen, die an sehr trockenen Standorten leben (Xerophyten)

Wasserhärte Eigenschaft des Wassers, die durch den Gehalt an Calcium- und Magnesium-Salzen geprüft wird. Man unterscheidet zwischen der Gesamthärte und der Karbonathärte

Wasserjungfern Sammelbezeichnung für Kleinlibellen

Wasserjungfern Binsenjungfer *Lestes sponsa,* Paarung.

Wasserstoffionenkonzentration pH-Wert

Watt küstennaher Streifen an der Nordsee, der bei Flut unter Wasser und bei Ebbe trocken liegt

wechselständig Blattanordnung bei Pflanzen, die insgesamt eine Spirale ergibt

Wedel Bezeichnung für große, gefiederte Blätter von Farnen und Palmen

Wehrsekrete zur Abwehr dienende Ausscheidungen mancher, vor allem wirbelloser Tiere

Weichtiere Mollusken, Tierstamm, dem im wesentlichen Tintenfische, Schnecken und Muscheln angehören

Weiher stehendes Gewässer von geringer Tiefe

Wild alle Tierarten, die dem Jagdrecht unterliegen. Man unterscheidet zwischen Haarwild = Säugetiere und Federwild = Vögel. Paarhufer werden als Schalenwild bezeichnet

winterhart Eigenschaft von Pflanzen, bei Temperaturen unter dem Gefrierpunkt zu überleben

Winterschlaf Eigenschaft mancher Säugetiere, die kalte Jahreszeit mit Hilfe von stark herabgesetzten Lebensfunktionen zu überdauern

Winterstarre Kältestarre, mit deren Hilfe Reptilien und Amphibien, die in gemäßigten und kalten Gebieten leben, den Winter unter fast ausgeschalteten Körperfunktionen überleben

X

xeromorph Bezeichnung für Pflanzen, die mit Schutzanpassungen gegen Trockenheit ausgerüstet sind

xerophil Bezeichnung für Lebewesen, die trockene Biotope bevorzugen

xx-Chromosom das weibliche Chromosomenpaar (z.B. bei Säugern)

xy-Chromosom das männliche Chromosomenpaar (z.B. bei Säugern)

Xylophagen Holzfresser

Y

Yeti sagenhafter Schneemensch, der angeblich im Himalaja lebt

Z

Zahnformel Charakterisierung von Säugetiergebissen durch Zahlen und Symbole

Zahnwechsel Ersatz vorhandener durch neuentstehende Zähne. Bei Fischen, Amphibien und Reptilien werden durch die Zahnleiste fortwährend neue Zähne gebildet. Bei Säugetieren wird das Milchgebiß durch das Dauergebiß ersetzt

Zellkern größter Bestandteil und gleichzeitig Steuerzentrum der Zelle. Im Zellkern sind die genetischen Informationen gespeichert

Zoobios Organismen, die in oder auf Tieren leben

Zoochlorellen Sammelbezeichnung für grünliche Endosymbionten in Protozoen

Zoochorie Bezeichnung für die Verbreitung von Früchten und Samen durch Tiere

Zoologie Tierkunde

Zooplankton tierisches Plankton

Zwischeneiszeit kürzere Kältezeit zwischen zwei wärmeren Perioden

zyklisch regelmäßig wiederkehrend

Zymologie Lehre von den Enzymen und Gärungsvorgängen

Zoographie Benennung und Einordnung der Tierarten

Zoolith Tierversteinerung

Zoophag fleischfressende Pflanze

Zooxanthellen einzellige Algen, die symbiontisch in Wirbellosen und einigen Einzellern leben

Zoophag *Pinguicula alpina* das Alpen-Fettkraut verdaut auf seinen Blättern gefangene Insekten.

Sachregister

A
Abramites microcephalus 86
Acanthophthalmus kuhlii 46
Acanthophthalmus semicinctus 50
Aequidens pulcher 82
Afrikanischer Weiderich 63, 103
Afrikanische Wasserpest 63
Afrikanische Hakenlilie 75
Afrikanische Sumpfschraube 67
Alternanthera lilacina 83
Alternanthera sessilis 103
Amerikanische Wasserhecke 14, 78, 83, 103
Ammannia senegalensis 63
Ancistrus cirrhosus 34, 38, 46, 50, 62, 66, 74, 79, 82, 94
Angola-Barbe 66
Anubias barteri 67, 75
Anubias lanceolata 67, 75
Anubias nana 63, 67, 75
Apistogramma agassizi 107
Apistogramma borelli 82
Apistogramma reitzigi 102
Aphyosemion spec. 70
Aplocheilus lineatus 34
Aschersons Amazonaspflanze 27
Azurblaue Wasserhyazinthe 83

B
Bacopa caroliniana 47, 78, 103
Barbus barilioides 66
Barbus conchonius Zuchtform 38
Barbus everetti 38
Barbus fasciatus 38
Barbus semifasciolatus „schuberti" 38
Barbus spec. 38
Barbus tetrazona 38, 50
Barbus tetrazona Zuchtform 38
Barbus titteya 50
Barclaya longifolia 39
Barters Speerblatt 67, 75
Beulenkopfmaulbrüter 58
Bitterlingsbarbe 50
Blass'scher Wasserkelch 43
Blauer Fadenfisch 42
Blauer Kongocichlide 66
Blauer Platy 26
Blaumaul-Maulbrüter 74
Blaupunkt-Buntbarsch 82
Blutsalmler 34, 82
Borstenmaul 34, 38, 46, 50, 62, 66, 74, 79, 82, 94
Bolbitis heudelotii 63, 67
Borellis Zwergbuntbarsch 82
Brabantbuntbarsch 62
Brachsensalmler 86
Brachydanio albolineatus 50
Brachydanio rerio 50
Bräunlicher Wasserfreund 35, 103
Breitblättriges Pfeilkraut 27, 78, 83
Breite Amazonaspflanze 27, 78, 91, 95, 99, 107
Brillantsalmler 94
Brochis coeruleus 82
Brokatbarbe 38
Buntschwanz-Zwergbuntbarsch 107

C
Cabomba aquatica 83, 99
Cabomba caroliniana 83, 99
Cabomba piauhyensis 78
Calamoichthys malabaricus 74
Carassius auratus 10, 23
Carnegiella marthae 98
Carnegiella strigata 98
Carolina-Haarnixe 83, 99
Ceratophyllum demersum 11, 55, 75, 95

Cichlasoma nigrofasciatum 79
Corydoras julii 90
Corydoras myersi 94
Corydoras pygmaeus 98
Corydoras schwartzi 82
Crinum natans 75
Crinum thaianum 51
Cryptocoryne affinis 35, 43
Cryptocoryne balansae 35, 43, 59
Cryptocoryne blassii 43
Cryptocoryne ciliata 35
Cryptocoryne cordata 35
Cryptocoryne lingua 43
Cryptocoryne retrospiralis 43
Cryptocoryne siamensis 43
Cryptocoryne spec. 43
Cryptocoryne wendtii 43
Cryptocoryne willisii 35, 43
Cyperus alternifolius 87

D
Danio malabaricus 50
Didiplis diandra 14, 78
Dornaugen 46
Dreibindenziersalmler 102
Dunkle Amazonaspflanze 83

E
Echinodorus aschersonianus 27
Echinodorus bleheri 27, 78, 91, 95, 99, 107
Echinodorus cordifolius 27, 83
Echinodorus horemanii 83
Echinodorus horizontalis 83
Echinodorus maior 35, 78, 83, 95
Echinodorus opacus 83
Echinodorus osiris 83
Echinodorus parviflorus 95
Echinodorus portoalegrensis 99
Echinodorus quadricostatus 83, 99
Echinodorus tenellus 83, 99, 103
Egeria densa 11, 63, 78
Eichhornia azurea 83
Eiförmige Lagenandra 103
Eidechsenschwanz 99
Elassoma evergladei 15
Eleocharis acicularis 14, 95
Elritze 18
Epalzeorhynchus siamensis 42, 102
Epiplatys fasciolatus 66
Everetts Barbe 38

F
Feinblättrige Rotala 47, 51, 103
Feinfiedrige Wasser-Haarnixe 83, 99
Feuerschwanz 46
Flösselaal 74
Flösselhecht 74
Froschlöffelähnliche Ottelie 67

G
Gabelschwanz 62
Gebänderter Leporinus 86
Gelber Schlankcichlide 62
Gelbe Teichrose 19, 23, 87
Gemeines Hornblatt 11, 55, 75, 95
Genoppter Wasserkelch 35, 43, 59
Gestreckter Schabemund-Buntbarsch 58
Gestreifter Beilbauch 98
Gewimperter Wasserkelch 35
Gewöhnlicher Wassernabel 83
Glasbärbling 34
Glasrotflosser 82
Glühlichtsalmler 98
Grasartige Schwertpflanze 83, 95
Grasartige Schwertpflanze 99 rötliche Form
Grasblättriger Wasserkelch 43

Großblättrige Wasserpest 11, 63, 78
Großes Fettblatt 47, 78, 103
Großes Papageienblatt 83
Gobio gobio 18
Goldener Fadenfisch 42
Goldfisch 10
Goldskalar 90
Goldtetra 94
Grünblauer Neon 98
Gründling 18
Grüner Neon 98
Grüner Tigerlotus 47, 67, 75, 103
Grüne Sumatrabarbe 38
Grünflossenbuntbarsch 79
Grünroter Schwertträger 79
Gymnocorymbus ternetzi 102

H
Haertels Wasserkelch 35, 43
Halbbinden-Dornauge 50
Haplochromis burtoni 74
Haplochromis moorii
Harlekingoldfisch 10
Hemichromis bimaculatus 74
Hemigrammus armstrongi 94
Hemigrammus erythrozonus 98
Hemigrammus hyanuary 98
Hemigrammus pulcher 94
Hengels Keilfleckbarben 34
Herotilapia multispinosa 86
Herzblättriger Wasserwegerich 27, 83
Herzblatt-Wasserkelch 35
Heteranthera zosterifolia 78, 83
Heterandria formosa 15
Hochflossenplaty 26
Holz, versteinertes 42, 90, 102
Horemans Schwertpflanze 83
Horizontale Amazonaspflanze 83
Hydrocotyle leucocephala 78, 103
Hydrocotyle vulgaris 83
Hygrophila corymbosa 47, 51
Hygrophila difformis 35, 39, 43, 47, 51, 103
Hygrophila polysperma 35, 103
Hygrophila stricta 47, 63, 107
Hyphessobrycon callistus „callistus" 34, 82
Hyphessobrycon flammeus 102
Hyphessobrycon herbertaxelrodi 98
Hyphessobrycon ornatus 94
Hyphessobrycon pulchripinnis 94
Hypostamus punctatus 30

I
Indische Sternpflanze 35, 39, 43, 47, 51, 103
Indischer Wasserfreund 35, 103

J
Javafarn 31, 43, 59
Javamoos 43, 71
Julidochromis marlieri 62
Julidochromis ornatus 62

K
Kardinals-Lobelie 14
Karfunkelsalmler 94
Keilfleckbarbe 34
Killifische 70
Kleine afrikanische Kognakpflanze 63
Kongosalmler 66
Kongo-Wasserpfarn 63, 67
Korallenplaty 26

L
Labeo bicolor 46
Labeotropheus trewavasae 54, 58
Labidochromis caeruleus likomae 30

163

Sachregister

Längsbandsalmler 102
Lagarosiphon major 63
Lagenandra 102
Lagenandra ovata 103
Lagenandra thwaitesii 39
Lamprologus brichardi 62
Langblättrige Barclaya 39
Leopard-Panzerwels 90
Leporinus affinis 86
Lilaeopsis novae-zelandiae 95
Limnophila sessiliflora 35
Lindernia microcalyx 47, 103
Lindernia spec. 47, 103
Lobelia cardinalis 14
Löwenkopf 23
Loricaria filamentosa 34
Ludwigia 14
Ludwigia repens 14
Ludwigia repens x palustris 14
Lyratail-Blackmolly 26, 79
Lysimachia nummularia 11

M

Macropodus concolor 46
Macropodus opercularis 46
Malabarbärbling 50
Malaiischer Nanderbarsch 50
marmorierter Skalar 90
Mayaca fluviatilis 103
Megalomphodus megalopterus 94
Megalomphodus sweglesi 94
Melanochromis johanii 58
Melanotaenia affinis 30
Melanotaenia nigrans 30
Microsorium pteropus 31, 43, 59
Micralestes interruptus 66
Moenkhausia pittieri 94
Mondscheinfadenfisch 42
Mooskraut 103
Mozambique-Blaubarsch 58
Myriophyllum verticillatum 19

N

Nadelsimse 14, 95
Nannochromis nudiceps 66
Nannostomus beckfordi anomalus 102
Nannostomus marginatus 102
Nannostomus trifasciatus 102
Najas spec. 67, 71
Nematocentris macculochi 30
Neon 98
Neonsalmler 94
Nesaea crassicaulis 63, 103
Nixkraut 71
Noemacheilus barbatulus 18
Nuphar lutea 19, 23, 87
Nymphaea lotus 47, 67, 75, 103
Nymphaea stellata 47

O

Osiris-Schwertpflanze 83
Otocinclus affinis 34, 46, 50, 62, 66, 82, 94, 98
Otocinclus spec. 102
Ottelia alismoides 67

P

Pantodon buchholzi 66
Papiliochromis ramirezi 94
Paracheirodon akelrodi 90, 98
Paracheirodon innesi 94, 96
Paracheirodon simulans 98
Paradiesfisch 46
Pelmatochromis thomasi 66
Pelvicachromis pulcher, Form B 66
Perle von Likoma 30
Petitiella georgiae 82
Pfennigkraut 11
Philodendron 59
Phoxinus phoxinus 18
Poecilia reticulata 26
Poecilia velifera 79, 82
Poecilia sphenops 26, 79

Polypterus palmas 74
Porte-Alegre-Schwertpflanze 99
Potamorrhaphis guianensis 86
Prionobrama filigera 82
Pristolepis fasciata 50
Pseudotropheus lombardoi 54
Pseudotropheus socolofi 58
Pseudotropheus spec. 30
Pseudotropheus spec. affin zebra 54, 58
Pseudotropheus zebra 58
Punktierter Harnischwels 30
Purpurprachtbarsch 66
Pterophyllum scalare 90, 94

Q

Quirlblättrige Lindernia 47, 103
Quirlblättriges Tausendblatt 19

R

Rasbora borapetensis 34
Rasbora hengeli 34
Rasbora heteromorpha 34
Rasbora trilineata 34
Rauchskalar 90, 94
Regenbogencichlide 86
Regenbogenfisch 30
Reitzigs Zwergbuntbarsch 102
Riccia fluitans 43
Riesen-Amazonaspflanze 35, 78, 83, 95
Riesenpfeilkraut 23
Riesen-Sumpfschraube 47, 59, 91
Riesen-Wasserfreund 47, 51
Rostpanzerwels 94
Rotala macranda 39, 51
Rotala rotundifolia 35, 47, 51, 103
Rotala wallichii 47, 51, 103
Rote Haarnixe 78
Roter Cichlide 74
Roter Neon 90, 98
Roter Phantomsalmler 94
Roter Schwertträger 79
Roter Tigerlotus 47, 67, 75
Roter von Rio 102
Roter Zebra 54, 58
Rotkäppchenoranda 23
Rotkopfsalmler 82
Rotschwanzbärbling 34
Rotweiderich 39, 51
Royal blue Discus 107
Rubinbarbe 38
Rückenschwimmender Kongowels 74
Rundblättrige Lindernia 47, 103
Rundblättrige Rotala 35, 47, 51, 103

S

Sagittaria latifolia 23
Sagittaria platyphylla 27, 78, 83
Sagittaria subulata f. pusilla 27, 78, 83, 103, 107
Samolus parviflorus 83, 103
Saugwels 34, 46, 50, 62, 66, 82, 94, 98, 102
Saururus cernuus 99
Schabemundbarsch 54
Schachbrett-Schlankcichlide 62
Schaufelfadenfisch 46
Schillerbärbling 50
Schleierprachtbarbe 38
Schleierschwanz 23
Schmalblättrige Ludwigia 14
Schmalblättriger Riesen-Wasserfreund 47, 63, 107
Schmalblättriges Papageienblatt 103
Schmerle 18
Schmetterlingsbuntbarsch 94
Schmetterlingsfisch 66
Schmucksalmler 94
Schrägschwimmer 82
Schraubenvallisnerien 14, 47
Schützenfisch 30
Schwartz's Panzerwels 82
Schwarze Amazonaspflanze 95

Schwarzer Neon 98
Schwarzer Paradiesfisch 46
Schwarzer Phantomsalmler 94
Schwarzer Skalar 90
Schwarzflossenregenbogenfisch 30
Schwarzschwingen-Beilbauch 98
Schwertträger 34
Seegrasblättriges Trugkölbchen 78, 83
Segelflosser 90, 94
Segelkärpfling 79, 82
Serpasalmler 34, 82
Siamesische Rüsselbarbe 42, 102
Siamesischer Wasserkelch 43
Smaragd-Panzerwels 82
Sternseerose 47
Südamerikanischer Spindelhecht 86
Südamerikanischer Wassernabel 78, 103
Sumatrabarbe 38, 50
Sumpffreund „Ambulie" 35
Sumpfschraube 91
Steifblättrige Amazonaspflanze 83
Streifenbarbe 38
Streifenhechtling 34
Symphysodon aequifasciata haraldi 107
Synodontis nigriventris 74

T

Teichlebermoos 43
Teleskopfisch 23
Thailändische Hakenlilie 51
Thayeria boehlkei 82
Thomas Prachtbarsch 66
Thwaites' Lagenandra 39
Toxotes jaculator 30
Trauermantelsalmler, Schleierform 102
Trichogaster microlepis 42
Trichogaster pectoralis 46
Trichogaster trichopterus 42
Trichogaster trichopterus Zuchtform 42
Triangelguppy 26
Tropheus moorii 62

V

Vallisneria americana 14, 39
Vallisneria asiatica var. biwaensis 47
Vallisneria gigantea 47, 59, 91
Vallisneria spec. 67
Vallisneria spiralis 91
Vesicularia dubyana 43, 71

W

Wagtailplaty 26
Wendts Wasserkelch 43
Westafrikanisches Speerblatt 67, 75

X

Xiphophorus helleri 34, 79
Xiphophorus maculatus 26

Z

Zebrabärbling 50
Zebra-Blaubarsch 58
Zebra-Blaubarsch „Bright blue" 58
Zitronensalmler 94
Zungen-Wasserkelch 43
Zwerg-Amazonasschwertpflanze 83, 99
Zwergbuntbarsche 102
Zwerg-Harnischwels 34
Zwergkärpfling 15
Zwergpanzerwels 98
Zwergpfeilkraut 77, 78, 83, 103, 107
Zwergregenbogenfisch 30
Zwergschwertpflanze 103
Zwerg-Schraubenvallisneria 14, 39
Zwergspeerblatt 63, 67, 75
Zwergsonnenbarsch 15
Zwerg-Wasserkelch 35, 43
Zwergziersalmler 102
Zyperngras 87

Weitere im Tetra Verlag erschienene Aquaristik-Titel:

Taschenbücher

Wunderwelt Aqarium
  Jürgen Melzer   ISBN 3-89356-113-7
Südamerikanische Welse
  David Sands   ISBN 3-89356-001-7
Aquarienpflanzen
  Barry James   ISBN 3-89356-002-5
Lebendgebärende Fische
  Peter W. Scott   ISBN 3-89356-003-3
KOI
  Barry James   ISBN 3-89356-103-X
Gesellschaftsfische
  Dick Mills   ISBN 3-89356-104-8
Kleine Zierfischwelt
  K. A. Frickhinger   ISBN 3-89356-114-5
Faszinierende Goldfische
  Dr. Ch. Andrews   ISBN 3-89356-115-3
Afrikanische und Asiatische Welse
  David Sands   ISBN 3-89356-116-1
Afrikanische Cichliden
  Dr. P. V. Lieselle   ISBN 3-89356-117-X
Amerikanische Cichliden
  David Sands   ISBN 3-89356-118-8

Allgemeine Reihe

Der Diskus im Gesellschaftsaquarium
  Bernd Degen   ISBN 3-89356-105-6
Bunte Zierfischwelt
  Dr. Ulrich Baensch   ISBN 3-89356-108-0
Neue Wasserpflanzen-Praxis
  G. Brümmer/P. Beck   ISBN 3-89356-107-2
Labyrinthfische – Farbe im Aquarium
  Horst Linke   ISBN 3-89356-110-2
Gesund wie der Fisch im Wasser?
  K. A. Frickhinger   ISBN 3-89356-109-9
Fische und ihr Verhalten
  Prof. W. Zupanc   ISBN 3-923880-11-1
Afrikanische Cichliden I
  H. Linke/W. Staeck   ISBN 3-923880-06-5
Afrikanische Cichliden II
  H. Linke/W. Staeck   ISBN 3-923880-07-3
Amerikanische Cichliden I
  H. Linke/W. Staeck   ISBN 3-923880-16-2
Amerikanische Cichliden II
  H. Linke/W. Staeck   ISBN 3-923880-17-0
Kaltwasserfische
  Prof. Dr. W. Ladiges ISBN 3-89356-106-4
Gesunde Zierfische
  Dr. C. Andrews u. a. ISBN 3-89356-102-1

Literaturverzeichnis

Freude am Aquarium, H. Stallknecht, Verlag Dausien, Hanau

Das Aquarium, Hans-J. Mayland, Falken-Verlag, Niedernhausen

Das Süßwasser-Aquarium, Hans-J. Mayland, Falken-Verlag, Niedernhausen

Das GU Aquarium, Ines Scheurmann, Gräfe und Unzer Verlag, München

Das Aquarium, Helga Braemer/Ines Scheurmann, Gräfe und Unzer Verlag, München

Das Wunder im Wohnzimmer, Arend v. d. Nieuwenhuizen, Hobbing Verlag, Essen

Welcher Zierfisch ist das? Klaus Paysan, Kosmos-Verlag, Stuttgart

ABC der Aquarienkunde, Werner Weiss, Kosmos-Verlag, Stuttgart

Aquarienfibel, Wolfgang Ostermöller, Kosmos-Verlag, Stuttgart

Kosmos-Handbuch Aquarienkunde, Hrsg. Redaktion „aquarienmagazin", Kosmos-Verlag, Stuttgart

Vierkes Aquarienkunde, Jörg Vierke, Kosmos-Verlag, Stuttgart

Große Aquarien-Praxis, Hans-J. Mayland, Landbuch-Verlag, Hannover

Einmaleins der Aquaristik, Hans-J. Mayland, Landbuch-Verlag, Hannover

Aquarium – Planzen – Fische, Hans-J. Mayland, Landbuch-Verlag, Hannover

Das bunte Aquarienbuch, Karsten Klingbeil, Mosaik-Verlag, München

Aquarienpraxis kurz gefaßt, Hans Frey (†), Verlag Neumann-Neudamm, Melsungen

Das Süßwasseraquarium, Hans Frey (†), Verlag Neumann-Neudamm, Melsungen

Aquarienkunde I + II, Günther Sterbas, Verlag Neumann-Neudamm, Melsungen

Lebensraum Aquarium, P. Hunnam, Verlag Eugen Ulmer, Stuttgart

Das große Aquarienbuch, J. Gilbert/R. Legge, Verlag Eugen Ulmer, Stuttgart

Zeitschriften

TI – international, Magazin für Aquarium, Garten & Teich, erscheint sechsmal jährlich im Tetra-Verlag, Melle

DATZ (Die Aquarien- und Terrarien-Zeitschrift), erscheint monatlich im Eugen Ulmer-Verlag

Das Aquarium, erscheint monatlich im Birgit-Schmettkamp-Verlag, Bornheim

aquarium heute, erscheint vierteljährlich im Aquadocumenta-Verlag, Bielefeld

Autoren

Klaus Paysan, Jahrgang 1930 war schon mit drei Jahren Helfer des Vaters bei Tümpeltouren und Fischbeobachtungen. Er studierte Naturwissenschaften an der Universität Stuttgart. Über 40 Reisen führten ihn bisher nach Afrika, USA und Südostasien. Tiere und ihr Verhalten, später auch Völkerkunde und die afrikanischen Fische und ihre natürlichen Lebensräume sind seine Hauptinteressen. 1967 erhielt er die silberne Wilhelm-Bölsche-Medaille für seine Afrikabeiträge im „Kosmos". Seit 1976 Mitglied eines Geheimbundes der Tikar in Kamerun, Rang Shey. Anfang 1978 mit einem der höchsten Titel dieses Stammes „First pickin of Fon Nso" für seine fotografisch-völkerkundlichen Dokumentationen ausgezeichnet. Als Fischfotograf wurde er schon in den frühen Fünfziger Jahren in Foto- und Aquarienzeitschriften bekannt. 1968 erschien sein erstes Fischbuch „Freude an Fischen", 1970 „Welcher Zierfisch ist das?", das als Standardwerk in vielen Sprachen im Bücherschrank von über 100 000 Aquarianern steht, und 1971 „Aquarienfische" von Braum/Paysan. Mit Übersetzungen und Taschenbüchern sind etwa 30 Bücher von Paysan auf dem Markt. Zu seiner Auffassung von Aquaristik und Aquarienfotografie sagt er: „In den vielen Jahren, in denen ich schon Fischfotos mache, habe ich mich stets bemüht, den betreffenden Fischen eine anspruchsgerechte Umgebung zu schaffen. Zuerst mußten sie sich wohlfühlen, ihre besten Farben zeigen und ihr natürliches Verhalten entfalten, dann erst wurde fotografiert."

Angela Paysan (†) hat sich als Autorin einiger Pferdebücher und vor allem als Illustratorin sowohl von naturkundlichen Werken als auch von Kinderbüchern und Erzählungen einen guten Namen gemacht. Von ihr sind auch die Zeichnungen zu diesem Buch.

TETRA WASSERAUFBEREITUNG

Tetra AquaSafe

Unentbehrlich bei Neueinrichtung und bei jedem Wasserwechsel.

Tetra AquaSafe macht aus Leitungswasser biologisch unbedenkliches Aquariumwasser, in dem sich Zierfische wohlfühlen.

Tetra AquaSafe bindet giftige Schwermetalle dauerhaft und sicher, neutralisiert aggressives Chlor und schützt vor allen schleimhautreizenden Einflüssen, wie zum Beispiel raschen pH-Wert-Schwankungen oder plötzlichen Änderungen der chemischen Bedingungen im Aquarium (Wasserwechsel).

Denn Tetra AquaSafe ummantelt durch einen fühlbaren Schleimhautschutz die empfindlichen Kiemen und Schleimhäute wirksam mit organischen Kolloiden (Ein wichtiger Vorteil: Tetra AquaSafe bindet nicht das für Wasserpflanzen wichtige Eisen im Pflanzendünger, sondern unterstützt sogar dessen Wirkung!).

Spurenanalyse mit polarographischer Methode:

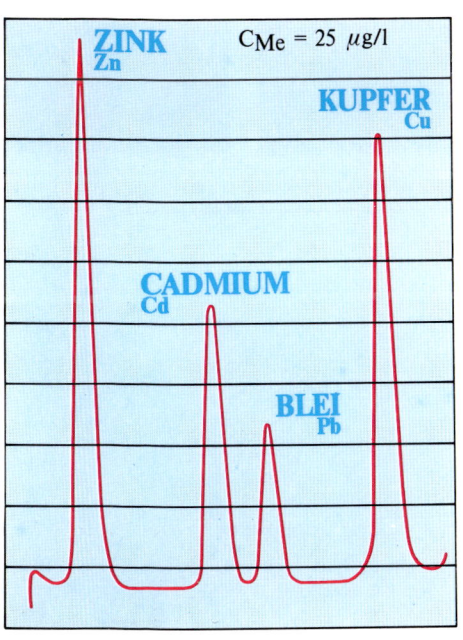

In der linken Tabelle zeigen die Meßwerte den hohen, für Zierfische gefährlichen Anteil von Zink, Cadmium, Blei und Kupfer in einem typischen, frischen Leitungswasser.

Bereits Sekunden nach Zugabe einer Normaldosierung Tetra AquaSafe haben sich die Werte auf einen biologisch unbedenklichen Grad reduziert.

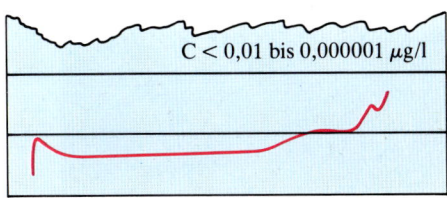

Streifenbarbe, S. 38

Malaiischer
Nanderbarsch, S. 50

Hochflossenplaty, S. 26

Trauermantelsalmler,
Schleierform, S. 102

Gründling, S. 18

Rückenschwimmender
Kongowels, S. 74

Saugwels

Siamesische Rüsselbarbe

Punktierter Harnischwels

Borstenmaul

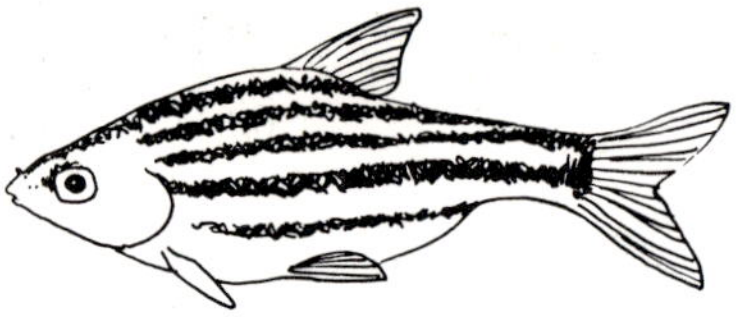

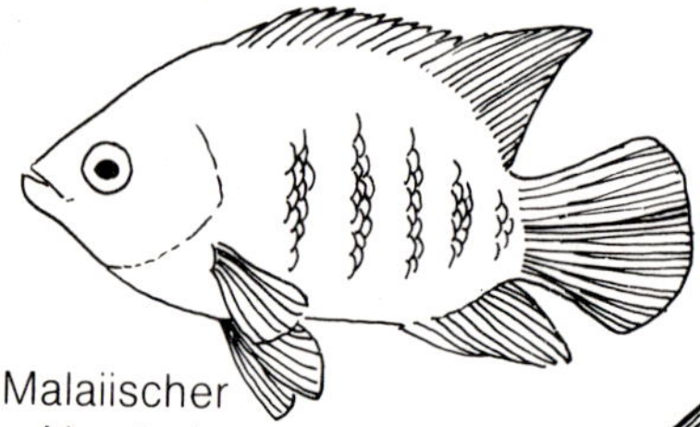

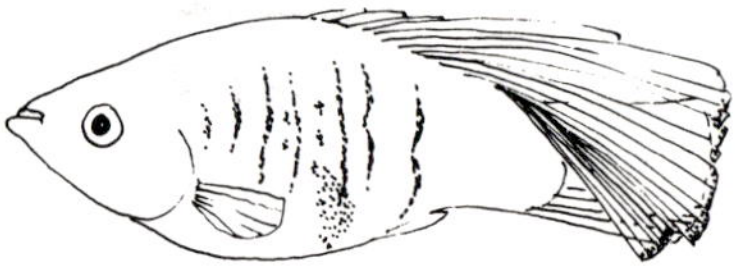

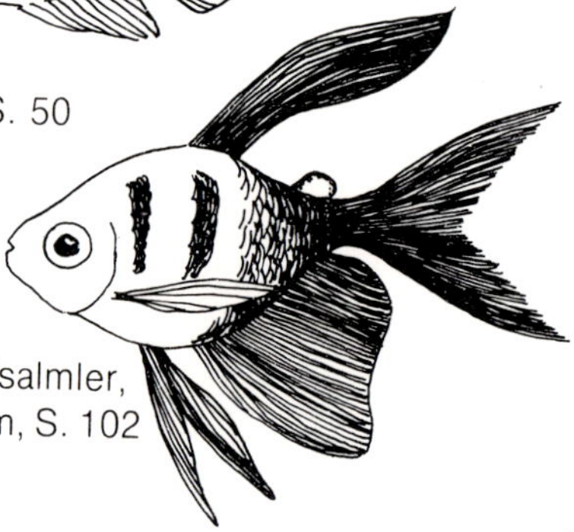

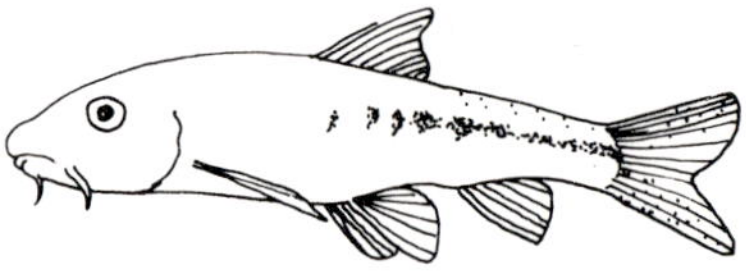

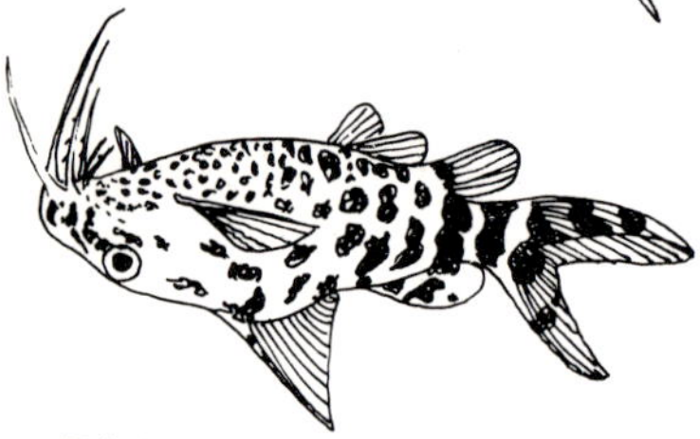

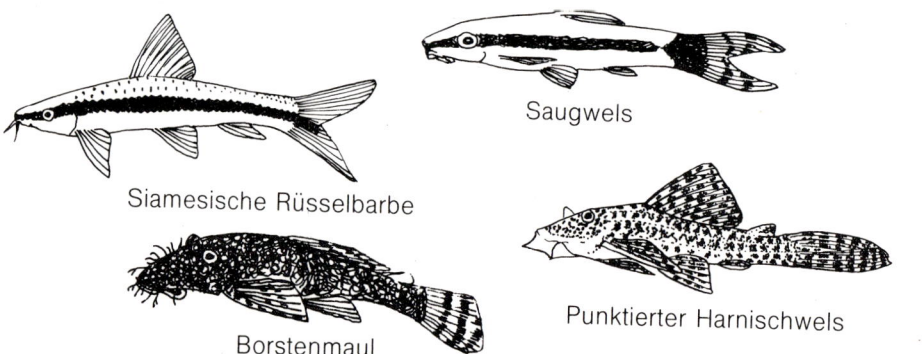